健康科学・生涯スポーツ必携
第2版

神奈川大学経営学部准教授
石濱　慎司 編著

学部		科
年次	組	番
学部		科
年次	組	番
氏　名		

株式会社 杏林書院

健康科学・生涯スポーツ必携
第2版

神奈川大学経営学部准教授

石濱　慎司　編著

株式
会社　杏林書院

【編著】

石濱　慎司

【著】

嶋谷　誠司
後藤　篤志
韓　　一栄
桜井　美子
若松　健太
先場　　瞬
具志堅　武
泉　　圭祐
大槻　茂久
平野　智也
津田　　将
竹腰　　誠
井上　洋佑

はじめに

　生活習慣病といわれる心筋梗塞、うっ血性心疾患、高血圧、脳卒中、糖尿病、がん、骨粗鬆症などの文明病の疾患の原因は、運動不足と直接つながっています。これらの疾患の原因は動かない生活にあります。文化の発展に伴った豊かな暮らしは、生活の中から大きな力を必要とする労働が徐々に少なくなっています。そして、からだを動かさない生活は、病気のリスクが高くなります。最近の研究において、睡眠不足がもたらす影響は糖質の過剰摂取を招き、肥満となり、免疫力が落ち病気になりやすく、学習の効率も落ちるとされています。

　ひとのからだは、放っておいても自然に発達していくものだと考えられてきました。しかし、筋力を大きく発揮させるような力を必要としない遊びや仕事がまったくと言っていいほど無い昨今、身長、体重などの体格の発達はしてきますが、体力の伸びが十分ではありません。そして体力低下の問題は、労働意欲や運動意欲を起こさせない、余暇時間に活発にからだを動かすことが困難になる、高齢社会にあって増加する要介護者に余裕を持って介護することができなくなるなどにつながると思われます。

　私たちは、からだの状態が良好なとき健康や体力についてほとんど意識をしませんが、健康が損なわれ、体力が低下したときにその重要性を認識します。運動・スポーツの実施は、現代社会における高齢社会や生活習慣病の増加による医療費増大の問題、青少年の健全育成や体力低下の問題、余暇時間の増加などの諸課題に対応する役割も期待されています。ある実践研究では、有酸素運動の総合的なプログラムの実践は、学力の目覚ましい向上がみられたと報告されています。運動・スポーツは、健康増進や体力の向上のみならず、人間が生涯をより良く生きていくうえで不可欠な文化として発展していくものであると思われます。

　「運動」、「食事」、「睡眠」、そして「生き方」はすべてリンクしています。国際化、情報化、少子高齢など社会の急激な変化にともない、日本人の価値観やライフスタイルは、大きく変わろうとしています。そしてスポーツは、爽快感、達成感、他者とのコミュニケーション、楽しさ、喜びなどの精神的充足もたらすとともに、社会生活に必要な人間の資質形成などに重要な役割を果たす認識が高まっています。

　皆さんも運動・スポーツの実践をライフスタイルの中に取り入れ、心身および社会的にも健康な人間になり、問題解決能力を身につけてください。将来的に「健康寿命」を延伸できるような生活を送ることに期待しています。そしてここでは、「健康科学」や「生涯スポーツ」科目を共通教養科目として位置づけ、大学の教育主旨である「質実剛健・積極進取」という卒業後の「社会でのサバイバル能力の養成」へと結びつけることとなります。

2019 年 4 月

石濱　慎司

目 次

一. 健康科学··(石濱　慎司)········· 1
　　1. 授業運営 ·· 1
　　2. 評　価 ·· 2

二. 生涯スポーツ、生涯スポーツ演習··················(石濱　慎司)········· 3
　　1. 授業運営 ·· 3
　　2. 評　価 ·· 4

三. 体力テスト··(後藤　篤志)········· 5
　　1. 体力テスト種目 ·· 5

四. 身長別段階回帰評価··(後藤　篤志)······· 14
　　1. 回帰評価の意味と評価表の見方 ··· 14

五. 運動中における傷害への対策······································· 21
　　1. 傷害予防の心得 ······························· (後藤　篤志)········· 21
　　2. ウォームアップとクールダウン ············· (先場　　瞬)········· 21
　　3. 救急措置法（Methods of First Aid）··············· (先場　　瞬)········· 28

六－ 1. 剣 道···(桜井　美子)······· 46
　　1. 剣道の歴史 ··· 46
　　2. 竹 刀 ··· 46
　　3. 礼 ··· 46
　　4. マナー ·· 48
　　5. 打突部位 ··· 48
　　6. 剣道具 ·· 49
　　7. 基本動作 ··· 49
　　8. 応用動作（対人的技能）·· 53
　　9. 稽古法 ·· 54
　　10. 試 合·· 54
　　11. 剣道用語·· 55

六－ 2. バスケットボール·······································(泉　　圭祐)······· 57
　　1. バスケットボールの歴史 ··· 57
　　2. ゲームの定義 ·· 57

- iii -

   3. ルール ……………………………………………………………………57

   4. パ　ス ……………………………………………………………………62

   5. シュート …………………………………………………………………63

   6. ディフェンス（防御）とオフェンス（攻撃）…………………………64

六−3. バレーボール、ソフトバレーボール……………（韓　　一栄）……… 66

   1. バレーボールの歴史 ……………………………………………………66

   2. バレーボールの施設と用具 ……………………………………………66

   3. バレーボールの特徴と種類 ……………………………………………68

   4. バレーボールの基本的なルール ………………………………………68

   5. バレーボールの基本プレー ……………………………………………68

   6. ソフトバレーボールの誕生 ……………………………………………71

   7. ソフトバレーボールのルール …………………………………………71

   8. ソフトバレーボールの施設と用具 ……………………………………71

六−4. サッカー、フットサル、タッチラグビー…………………………… 73

【サッカー】………………………………………………（大槻　茂久）……… 73

   1. サッカーの歴史 …………………………………………………………73

   2. サッカーの学び方 ………………………………………………………73

   3. 攻撃の戦術 ………………………………………………………………74

   4. 守備の戦術 ………………………………………………………………75

   5. 競技に必要な施設・用具 ………………………………………………77

   6. ゲームの進め方とルール ………………………………………………78

   7. オフサイド ………………………………………………………………79

【フットサル】……………………………………………（井上　洋佑）……… 83

   1. フットボール（フットサル）の歴史 …………………………………83

   2. フットサルの主なルール ………………………………………………83

   3. フットサルのピッチサイズとポジション ……………………………84

   4. フットサルの個人技術 …………………………………………………85

   5. フットサルの応用技術 …………………………………………………88

   6. サッカーとフットサルの比較 …………………………………………88

【タッチラグビー】………………………………………（後藤　篤志）……… 90

   1. 競技方法 …………………………………………………………………90

   2. 試合時間 …………………………………………………………………90

   3. チームの構成と交替 ……………………………………………………90

   4. タッチ ……………………………………………………………………91

   5. 攻守交替 …………………………………………………………………91

- iv -

6. レフリーシグナル …………………………………………………………92

六− 5. フライングディスク…………………………（平野　智也）……96
1. フライングディスクの歴史 ………………………………………………96
2. アルティメットとは ………………………………………………………96
3. 用具とフィールド …………………………………………………………96
4. ゲームの進め方とルール …………………………………………………97
5. ディスクの投げ方 …………………………………………………………99
6. ディスクのキャッチング ……………………………………………… 101
7. 攻撃と守備の仕方 ……………………………………………………… 102
8. ルールのまとめ ………………………………………………………… 104

六− 6. ソフトボール・野球…………………………（若松　健太）…… 105
1. ソフトボール・野球の歴史 …………………………………………… 105
2. 競技特性 ………………………………………………………………… 105
3. 競技人数 ………………………………………………………………… 105
4. 得　点 …………………………………………………………………… 105
5. 勝　敗 …………………………………………………………………… 105
6. マナーと安全 …………………………………………………………… 105
7. 楽しくゲームをするための技術 ……………………………………… 106
8. ソフトボールの主なルール …………………………………………… 112
9. 生涯スポーツを目指して ……………………………………………… 113

六− 7. バドミントン…………………………………（津田　　将）…… 114
1. バドミントンの歴史 …………………………………………………… 114
2. コート・用具 …………………………………………………………… 114
3. 試合の進行 ……………………………………………………………… 116
4. 技　術 …………………………………………………………………… 120

六− 8. 卓　球…………………………………………（具志堅　武）…… 123
1. 卓球の歴史 ……………………………………………………………… 123
2. 用　具 …………………………………………………………………… 123
3. 基本的なルール ………………………………………………………… 125
4. サービス・リターン …………………………………………………… 126
5. ダブルス ………………………………………………………………… 127
6. ラージボール …………………………………………………………… 127

- v -

六－9. トランポリン ………………………………（竹腰　　誠）…… 128
1. 器具に慣れる ……………………………………………………………… 128
2. 基本ジャンプ ……………………………………………………………… 128
3. 応用ジャンプ ……………………………………………………………… 129
4. 基本ドロップ ……………………………………………………………… 131
5. 基本ジャンプ・ドロップの変化技術 …………………………………… 133

六－10. ゴルフ ……………………………………………（嶋谷　誠司）…… 135
1. ゴルフの歴史 ……………………………………………………………… 135
2. 心構え ……………………………………………………………………… 135
3. 技　術 ……………………………………………………………………… 135
4. コースの構成 ……………………………………………………………… 138

六－11. スキー ……………………………………………（石濱　慎司）…… 141
1. スキーの魅力 ……………………………………………………………… 141
2. スキーを安全に行うために ……………………………………………… 141
3. 滑　走 ……………………………………………………………………… 142
4. スキー用語 ………………………………………………………………… 144

六－12. インディアカ …………………………………………（先場　　瞬）…… 146
1. インディアカの歴史と概要 ……………………………………………… 146
2. 基本的なルールおよび方法 ……………………………………………… 147
3. 用　具 ……………………………………………………………………… 149

種目統括団体 HP ………………………………………………………………… 151

※なお、各競技の最新の規則に関しては各競技団体のウェブサイトを参照していただきたい。

- 1 -

一．健康科学

　私たちは、健康を基盤とした幸せな人生を歩むべきである。しかし今日、我々人間は「運動不足」が原因とされる疾病問題を抱えている。それは、近代文明が利便性や効率性を求めすぎた結果、哺乳類として日常的に必要な身体活動量が減少してしまったからである。そこで各自が自ら意識的に運動する機会を求め、健康の面で自立できる態度と能力が育成されることが必要となる。

　そこで本科目の目標は、受講生各自が自分の「健康と体力」のレベルを現状よりも少しでも向上させることにある。健康と体力の向上には、自分の現状を知る必要がある。そのため、まず年度当初の健康診断を受診し、疾病や潜在的健康問題の有無を確認する。体力の現状は、文部科学省の新旧の体力テスト項目に沿って計測し、比較用データに沿って自分の現状を評価する。

　その後の授業課題は、評価された自分の体力の特徴にもとづき自己管理しながら取り組み、年齢別の「平均値」や身長別段階回帰評価区分の「4」以上となることを到達目標とする。アスリートのようなスコアが到達目標ではない。

　体力課題の目標に従い、適切な「自己の限界」という自分にとって必要な運動量の確保に努める。教材はこちらから提示するが、与えられた課題に取り組む時に自分の短所を克服するよう各自が意識しなければならない。短所克服の意識は、その多くを本人の意志力や精神力に頼ることとなる。また、シラバスの到達目標に掲げた「社会人としての基礎的態度と能力を養う」ためにも意志決定力と行動力が必要となる。

　また本科目では、道徳的判断力と行動力を養うことも目標とする。社会という集団生活に必要なエチケット、マナーを身につけ、モラルを正しく判断し、それに沿って行動できる能力を育成しようとするものである。同時に、将来の社会生活に必要な対個人、対集団のコミュニケーション能力やリーダーシップといったライフスキル能力の育成も目標としている。これらの総合的教育が、この科目を必修の基本科目として位置づける本学経営学部の掲げる教育目標の「社会でのサバイバル能力の養成」へと結びつくこととなる。

　学生時代は、一生を左右する世界観やライフスタイルを樹立する大切な時期である。この時期に自己の体力的特徴を把握することや、身体や運動の知識とその関連性を学ぶこと、そして実技などの実践を通して自己を教育することなどから、社会人として必要な基礎的態度と能力を養う。「身体と精神の総合的な体力」という「生きる力」の基礎は、20歳前後で獲得しやすいことからも、運動量の確保がつくり出す生理的精神的体力の向上がその主たる目的となる。

1. 授業運営

①受講にあたっては次のことに注意する。
　(1) 授業には、指定された使用書（本書）を購入し必ず持参する。
　(2) 授業に出席する場合は、運動に支障のない服装をすること。

- 2 -

   (3) 体育館を使用するクラスは、上履きを使用すること。

   (4) 指定されたクラスを履修すること。（学部学科別、男女別、教職課程専攻の有無別等）

   (5) 授業に出席した者は出席票を提出し、出席印を求めること。

   (6) 病気その他の理由によって欠席または見学、早退、遅刻をする場合は、あらかじめ担当教員に届けること。

②教材には、体操、武道、球技などを採用し、体力の向上を目的とした授業の展開に活用する。この時、クラスをいくつかの班に分け、授業は班単位で行動する。

③健康診断は、自己の発育発達の実態を把握し理解することと、疾病の早期発見に意義がある。また適切な運動量を処方するには、医学的に評価された個人および集団の健康水準をもとにしなければならない。したがって、健康診断を必ず受診しなければならない。また、受診が終了するまでは、授業参加が許可されないことや見学扱いになることがある。

体力テストとして文部科学省スポーツテスト（運動能力テスト、体力診断）を実施している。各自が自己の体力について認識を深めると同時に、授業における運動処方の目標設定に利用する。したがって、健康科学を履修する者は必ず体力テストを受診しなければならない。

④特学コースは、身体的疾病等のために通常の授業に支障があると認められる者を対象として、その状況や体力水準に合わせた運動を処方しながら、授業を展開する。健康面で不安のある者は、体育館教授室か保健室にて相談すること。

2. 評 価

①健康診断ならびに体力テストの受診が必須である。

②総授業回数の3分の2以上出席した者が評価の対象となる。

③各時間での遅刻・早退・見学の扱いは、授業開始から30分以内の申し出の場合が「遅刻扱い」、授業終了前30分以内の早退が「早退扱い」、怪我や体調不良などで実技はできないが見学して学習に参加できる場合が「見学扱い」とし、正規の出席扱いから減点される。

④授業態度、授業への取り組み方、そして多少の実技能力が考慮される。

二．生涯スポーツ、生涯スポーツ演習

　健康科学で理解した自己の体力的課題を踏まえて、スポーツを通してさらに体力を向上させることを目標とする。また、文化としてのスポーツを通して、ライフスキルの向上も目標とする。スポーツの実践を通して、全人的な成長とさまざまな知識を修得する。

　自分に適したスポーツ種目を選択し、肉体的にも精神的にもかつ社会的にも「より強い人間」へ向上するためにスポーツが利用できることを体験的に学ぶ。生涯学習の一部として位置づけられる生涯スポーツを将来的に生活の一部として利用できるようにするために、以下の点が具体的目標となる。

　将来の運動の習慣化・日常化という運動継続の基礎となるためのスポーツ技術の習得や向上。その助けとなる、スポーツ種目の構造を理解することや運動学習にかかわる科学的思考能力の育成。また、共通の興味にもとづいたグループ活動による、人間関係における協調性の育成と、スポーツという社会の縮図から人生の一部をリハーサルすること。

　これらのことが将来、ビジネスマンとして親として生き残る基礎となる健康と体力を養い、特に女子においては健康な家庭を育む基礎となる体力を準備する。二十歳前後の時期にしかできない大切なものを獲得することを期待している。

　スポーツ（舞踊、武道を含む）は、人類が長年にわたって築き上げた優れた文化であり、音楽や絵画とともに言語や国境を越えた文化財でもある。また大きな経済的市場を生むものともなった今日、ビジネスマンとしても国際人としても基礎的教養の一部であると考えられる。スポーツ実践によって得られるものは、身体の発達ばかりでなく、脳の知的発達を促し、またその体験や世界観は、感性の発達レベルに応じてさまざまな形で開かれていくもので、限りのない広がりを含んでいる。スポーツを行う時に求められるさまざまな能力、たとえば、スポーツ科学に関する基礎的知識と応用での実践能力、動的な人間関係の理性的認識力と問題解決能力、障害を乗り越えるための精神力とその時に発揮されるべき倫理観等を授業の中で育成していくことは、その後の生活に大いに役立つものとなる。

　このようにスポーツの実践は、健康と体力の保持・増進を促し、さらには人格と精神の涵養が期待され、同時に国際的ビジネスコミュニケーションツールになるだけでなく、スポーツ文化の継承と発展につながるという、複合的な課題に対応しうる大変意義のある活動ととらえて望んでもらいたい。健康科学の単位を予め取得し、自己の体力的課題が理解できていることが望まれる。競技スポーツの対極として扱う。

1．授業運営

①受講にあたっては次のことに注意する。

　（1）授業には、指定された使用書（本書）を購入し必ず持参する。

　（2）授業に出席する場合は、運動に支障のない服装をすること。

　（3）体育館を使用するクラスは、上履きを使用すること。

　（4）初回ガイダンスで決定されたクラスを履修すること。（学部学科別、男女別等）

- 4 -

　(5) 授業に出席した者は出席票を提出し、出席印を求めること。
　(6) 病気その他の理由によって欠席または見学、早退、遅刻をする場合は、あらかじめ
　　　担当教員に届けること。
②選択できる教材は、本学施設などの条件から、以下のものとなる。
　剣道、バスケットボール、バレーボール、ソフトバレーボール、バドミントン、テニス、
卓球、シャトルボール、インディアカ、サッカー、フットサル、野球、ソフトボール、ドッ
ジボール、アルティメット、タッチラグビー、ゴルフ、スキー、スノーボード
③上記以外に、体操、トランポリン、フィットネス、エアロビクス等も可能であるが、こ
　の場合、上記授業計画は多少異なり、方法論、バイオメカニクス、分習練習、反復練習、
　結果のフィードバック等が中心となる。
④ゴルフ、ボードセーリング、スキー、スノーボード、クロスカントリースキーは、集中
　授業として設定している。

2. 評　価
①健康診断ならびに体力テストの受診が必須である。
②総授業回数の3分の2以上出席した者が評価の対象となる。
③各時間での遅刻・早退・見学の扱いは、授業開始から30分以内の申し出の場合が「遅
　刻扱い」、授業終了前30分以内の早退が「早退扱い」、怪我や体調不良などで実技はで
　きないが見学して学習に参加できる場合が「見学扱い」とし、正規の出席扱いから減点
　される。
④授業態度、授業への取り組み方、そして多少の実技能力が考慮される。

三. 体力テスト

　湘南ひらつかキャンパスで開講されている健康科学では、目標にもある通り自身の健康と体力の現状を把握するために体力テストを実施している。測定項目については新旧体力テスト項目より下記の種目を実施している。

1. 体力テスト種目
1) 体力診断テスト
　運動の基礎的な要因である敏捷性・瞬発力・持久性・柔軟性を測定する。
① 反復横跳び……敏捷性のテスト
② 垂直跳び……瞬発力のテスト
③ 背筋力・握力……筋力のテスト
④ 踏み台昇降……心肺持久性のテスト
⑤ 長座体前屈・伏臥上体反らし……柔軟性のテスト
⑥ 閉眼片足立ち……平衡性のテスト
⑦ 上体起こし……筋持久力のテスト

2) 運動能力テスト
　走・跳・投などの基本的な運動によってスポーツの基礎的体力を測定する。
① 50m 走
② 立ち幅跳び
③ ハンドボール投げ
④ 1,000m、1,500m

表1 体力測定記録記入表①

測定日	西暦	年	月	日	
項　目		測　定　値			得　点
形態	身長			cm	
	体重			kg	
	体脂肪率			%	
	BMI				
心肺機能	血圧	最高	最低		
	平常脈			拍/分	
	肺活量			mL	
筋力	握力（右）			kg	
	握力（左）			kg	
	握力（平均）			kg	
	背筋力			kg	
メモ	踏み台昇降脈拍 1分〜1分30秒 　〔①　　　拍/30秒〕 2分〜2分30秒 　〔②　　　拍/30秒〕 3分〜3分30秒 　〔③　　　拍/30秒〕 合計脈拍 　〔　　　拍/90秒〕			※肺活量1L＝1,000 mL	

生年月日					年　　月　　日		歳
項　目		測　定　値					得　点
瞬発力	垂直とび					cm	
	立ち幅とび					cm	
	ハンドボール投げ					m	
	50m走					秒	
敏捷性	反復横とび					回	
平衡性	閉眼片足立ち					秒	
柔軟性	伏臥上体反らし					cm	
	長座体前屈					cm	
心肺持久力	踏み台昇降運動	判定指数				指数	
	持久走 男子 1,500m走		分			秒	
	女子 1,000m走					秒	
	最大酸素摂取量					ml/kg/min	
筋持久力	上体起こし					回	
総合判定	A　　　B　　　C　　　D　　　E					合計得点	

表2 体力測定記録記入表②

測定日	西暦	年	月	日	
項　目	測　定　値				得　点
形態 身長				cm	
形態 体重				kg	
形態 体脂肪率				%	
形態 BMI					
心肺機能 血圧	最高		最低		
心肺機能 平常脈				拍/分	
心肺機能 肺活量				mL	
筋力 握力（右）				kg	
筋力 握力（左）				kg	
筋力 握力（平均）				kg	
筋力 背筋力				kg	

メモ

踏み台昇降脈拍
1分～1分30秒
　〔①　　　　拍/30秒〕
2分～2分30秒
　〔②　　　　拍/30秒〕
3分～3分30秒
　〔③　　　　拍/30秒〕
合計脈拍
　〔　　　　拍/90秒〕

※肺活量1L＝1,000mL

生年月日					年	月	日		歳
項　目		測　定　値							得　点
瞬発力	垂直とび							cm	
	立ち幅とび							cm	
	ハンドボール投げ							m	
	50m走							秒	
敏捷性	反復横とび							回	
平衡性	閉眼片足立ち							秒	
柔軟性	伏臥上体反らし							cm	
	長座体前屈							cm	
心肺持久力	踏み台昇降運動	判定指数						指数	
	男子 持久走 1,500m走			分				秒	
	女子 1,000m走							秒	
	最大酸素摂取量							ml/kg/min	
筋持久力	上体起こし							回	
総合判定	A　　　　B　　　　C　　　　D　　　　E						合計得点		

表3 踏み台昇降運動判定指数の早見表（男女共通）

合計脈拍	判定指数	合計脈拍	判定指数	合計脈拍	判定指数	合計脈拍	判定指数	合計脈拍	判定指数
90	100	125	72.0	160	56.3	195	46.2	230	39.1
91	99.9	126	71.4	161	55.9	196	45.9	231	39.0
92	97.8	127	70.9	162	55.6	197	45.7	232	38.8
93	96.8	128	70.3	163	55.2	198	45.5	233	38.6
94	95.7	129	70.0	164	54.9	199	45.2	234	38.5
95	94.7	130	69.2	165	54.5	200	45.0	235	38.3
96	93.8	131	68.7	166	54.2	201	44.8	236	38.1
97	92.8	132	68.2	167	53.9	202	44.6	237	38.0
98	91.8	133	67.7	168	53.6	203	44.3	238	37.8
99	90.9	134	67.2	169	53.3	204	44.1	239	37.7
100	90.0	135	66.7	170	52.9	205	43.9	240	37.5
101	89.1	136	66.2	171	52.6	206	43.7	241	37.3
102	88.2	137	65.7	172	52.3	207	43.5	242	37.2
103	87.4	138	65.2	173	52.0	208	43.3	243	37.0
104	86.5	139	64.7	174	51.7	209	43.1	244	36.9
105	85.7	140	64.3	175	51.4	210	42.9	245	36.7
106	84.9	141	63.8	176	51.1	211	42.7	246	36.6
107	84.1	142	63.4	177	50.8	212	42.5	247	36.4
108	83.3	143	62.9	178	50.6	213	42.3	248	36.3
109	82.6	144	62.5	179	50.3	214	42.1	249	36.1
110	81.8	145	62.1	180	50.0	215	41.9	250	36.0
111	81.1	146	61.6	181	49.7	216	41.7	251	35.9
112	80.4	147	61.2	182	49.5	217	41.5	252	35.7
113	79.7	148	60.6	183	49.2	218	41.3	253	35.6
114	79.0	149	60.4	184	48.9	219	41.1	254	35.4
115	78.3	150	60.0	185	48.6	220	40.9	255	35.3
116	77.6	151	59.6	186	48.4	221	40.7	256	35.2
117	76.9	152	59.2	187	48.1	222	40.5	257	35.0
118	76.2	153	58.8	188	47.9	223	40.4	258	34.9
119	75.5	154	58.4	189	47.6	224	40.2	259	34.7
120	75.0	155	58.1	190	47.4	225	40.0		
121	74.4	156	57.7	191	47.1	226	39.8		
122	73.8	157	57.3	192	46.9	227	39.6		
123	73.2	158	57.0	193	46.6	228	39.5		
124	72.6	159	56.6	194	46.4	229	39.3		

表4 1,500m走と最大酸素摂取量（$\dot{V}O_2$max）との換算表（男子）

時間(秒)	$\dot{V}O_2$max	時間(秒)	$\dot{V}O_2$max	時間(秒)	$\dot{V}O_2$max
200	89.05	290	66.6	380	44.1
205	87.8	295	65.3	385	42.8
210	86.6	300	64.1	390	41.6
215	85.3	305	62.8	395	40.3
220	84.1	310	61.6	400	39.1
225	82.8	315	60.3	405	37.8
230	81.6	320	59.1	410	36.6
235	80.3	325	57.8	415	35.3
240	79.1	330	56.6	420	34.1
245	77.8	335	55.3	425	32.8
250	76.6	340	54.1	430	31.6
255	75.3	345	52.8	435	30.3
260	74.1	350	51.6	440	29.1
265	72.8	355	50.3	445	27.8
270	71.6	360	49.1	450	26.6
275	70.3	365	47.8	455	25.3
280	69.1	370	46.6		
285	67.8	375	45.3		

換算式：$\dot{V}O_2$max$=-0.25\chi+139.05$　χ：1,500m（秒）

表5 1,000m走と最大酸素摂取量（$\dot{V}O_2$max）との換算表（女子）

時間(秒)	$\dot{V}O_2$max	時間(秒)	$\dot{V}O_2$max	時間(秒)	$\dot{V}O_2$max
140	65.6	230	48.5	320	31.4
145	64.7	235	47.6	325	30.5
150	63.7	240	46.6	330	29.5
155	62.8	245	45.7	335	28.6
160	61.8	250	44.7	340	27.6
165	60.9	255	43.8	345	26.7
170	59.9	260	42.8	350	25.7
175	59.0	265	41.9	355	24.8
180	58.0	270	40.9	360	23.8
185	57.1	275	40.0	365	22.9
190	56.1	280	39.0	370	21.9
195	55.2	285	38.1	375	21.0
200	54.2	290	37.1	380	20.0
205	53.3	295	36.2	385	19.1
210	52.3	300	35.2	390	18.1
215	51.4	305	34.3	395	17.2
220	50.4	310	33.3	400	16.2
225	49.5	315	32.4		

換算式：$\dot{V}O_2$max$=-0.19\chi+92.21$　χ：1,000m（秒）

表6 項目別得点表（男子）

得点	握力	上体起こし	長座体前屈	反復横跳び	持久走
10	56kg以上	35回以上	64cm以上	63点以上	4'59"
9	51～55	33～34	58～63	60～62	5'00"～5'16"
8	47～50	30～32	53～57	56～59	5'17"～5'33"
7	43～46	27～29	49～52	53～55	5'34"～5'55"
6	38～42	25～26	44～48	49～52	5'56"～6'22"
5	33～37	22～24	39～43	45～48	6'23"～6'50"
4	28～32	19～21	33～38	41～44	6'51"～7'30"
3	23～27	16～18	28～32	37～40	7'31"～8'19"
2	18～22	13～15	21～27	30～36	8'20"～9'20"
1	17kg以下	12回以下	20cm以下	29点以下	9'21"以上

得点	20mシャトルラン	50m走	立ち幅跳び	ハンドボール投げ
10	125回以上	6.6秒以下	265cm以上	37m以上
9	113～124	6.7～6.8	254～264	34～36
8	102～112	6.9～7.0	242～253	31～33
7	90～101	7.1～7.2	230～241	28～30
6	76～89	7.3～7.5	218～229	25～27
5	63～75	7.6～7.9	203～217	22～24
4	51～62	8.0～8.4	188～202	19～21
3	37～50	8.5～9.0	170～187	16～18
2	26～36	9.1～9.7	150～169	13～15
1	25回以下	9.8秒以上	149cm以下	12m以下

表7 項目別得点表（女子）

得点	握力	上体起こし	長座体前屈	反復横跳び	持久走
10	36kg以上	29回以上	63cm以上	53点以上	3'49"
9	33～35	26～28	58～62	50～52	3'50"～4'02"
8	30～32	23～25	54～57	48～49	4'03"～4'19"
7	28～29	20～22	50～53	45～47	4'20"～4'37"
6	25～27	18～19	45～49	42～44	4'38"～4'56"
5	23～24	15～17	40～44	39～41	4'57"～5'18"
4	20～22	13～14	35～39	36～38	5'19"～5'42"
3	17～19	11～12	30～34	32～35	5'43"～6'14"
2	14～16	8～10	23～29	27～31	6'15"～6'57"
1	13kg以下	7回以下	22cm以下	26点以下	6'58"以上

得点	20mシャトルラン	50m走	立ち幅跳び	ハンドボール投げ
10	88回以上	7.7秒以下	210cm以上	23m以上
9	76～87	7.8～8.0	200～209	20～22
8	64～75	8.1～8.3	190～199	18～19
7	54～63	8.4～8.6	179～189	16～17
6	44～53	8.7～8.9	168～178	14～15
5	35～43	9.0～9.3	157～167	12～13
4	27～34	9.4～9.8	145～156	11
3	21～26	9.9～10.3	132～144	10
2	15～20	10.4～11.2	118～131	8～9
1	14回以下	11.3秒以上	117cm以下	7m以下

表8 総合評価基準表（男女共通）

段階	17歳	18歳	19歳
A	65以上	63以上	63以上
B	54～64	54～64	54～64
C	43～53	43～53	43～53
D	31～42	31～42	31～42
E	30以下	30以下	30以下

※総合評価は8種目全て実施した場合に合計得点で
　判定（持久走と20mシャトルランは選択）
（平成29年度体力・運動能力調査報告書．スポーツ庁）

四．身長別段階回帰評価

1．回帰評価の意味と評価表の見方

体格の大きい学生は体格の小さな学生に比べて、一般的に体力や運動能力の記録がよいとされている。そこで体格の大小を考慮した目標値あるいは推定値（回帰方程式から算出）を出し、それに基づいて個々の測定値を評価しようとしたものが身長別の5段階評価である。

【平塚キャンパス学生の実例】

A君　身長 162cm　握力 45kg
B君　身長 181cm　握力 45kg
（本学の握力の平均値は 42.22kg である。）

両者の握力は本学の平均値 42.22kg に対し、ほぼ同値で標準並みといえるが、体格（身長）を考慮した身長別5段階評価を用いてみると次のようになる。

握力に対する回帰方程式

$\hat{Y} = 0.35X - 15.01$ （Xは身長）

$S_{Y.X.} = 5.96$ $r = 0.29$　$p < 0.01$

身長平均値　171.72cm　握力平均値　42.22kg

A君の場合

$\hat{Y} = 0.35 \times 162 - 15.01$

　$= 41.69$

身長162cmの握力5段階評価区分

A君の 45kg の値の評価は4である。

B君の場合

$\hat{Y} = 0.35 \times 181 - 15.01$

　$= 48.34$

身長181cmの握力5段階評価区分

B君の 45kg の値の評価は2である。

このように測定値は同じであっても体格を考慮した場合、評価は違ってくる。

表1 身長別 握力5段階評価表（男子）

$\hat{Y}=0.54X-51.11$ $S_{Y.x}=5.75$

$\gamma=0.496$ p<0.01 身長$\bar{x}$=172.29cm 握力$\bar{x}$=42.22kg

評価 身長（cm）	1	2	3	4	5
188	41.78	47.53	53.28	59.03	
187	41.24	46.99	52.74	58.49	
186	40.70	46.45	52.20	57.95	
185	40.16	45.91	51.66	57.41	
184	39.62	45.37	51.12	56.87	
183	39.08	44.83	50.58	56.33	
182	38.54	44.29	50.04	55.79	
181	38.00	43.75	49.50	55.25	
180	37.46	43.21	48.96	54.71	
179	36.92	42.67	48.42	54.17	
178	36.38	42.13	47.88	53.63	
177	35.84	41.59	47.34	53.09	
176	35.30	41.05	46.80	52.55	
175	34.76	40.51	46.26	52.01	
174	34.22	39.97	45.72	51.47	
173	33.68	39.43	45.18	50.93	
172	33.14	38.89	44.64	50.39	
171	32.60	38.35	44.10	49.85	
170	32.06	37.81	43.56	49.31	
169	31.52	37.27	43.02	48.77	
168	30.98	36.73	42.48	48.23	
167	30.44	36.19	41.94	47.69	
166	29.90	35.65	41.40	47.15	
165	29.36	35.11	40.86	46.61	
164	28.82	34.57	40.32	46.07	
163	28.28	34.03	39.78	45.53	
162	27.74	33.49	39.24	44.99	
161	27.20	32.95	38.70	44.45	
160	26.66	32.41	38.16	43.91	
159	26.12	31.87	37.62	43.37	
158	25.58	31.33	37.08	42.83	

表2　身長別 垂直跳び5段階評価表（男子）

$\hat{Y}=0.42X-12.18$　$S_{Y \cdot x}=7.33$

$\gamma=0.332$　$p<0.01$　身長$\bar{x}=172.29$cm　垂直跳び$\bar{x}=61.17$cm

評価 身長（cm）	1	2	3	4	5
188	55.78	63.11	70.44	77.77	
187	55.36	62.69	70.02	77.35	
186	54.94	62.27	69.60	76.93	
185	54.52	61.85	69.18	76.51	
184	54.10	61.43	68.76	76.09	
183	53.68	61.01	68.34	75.67	
182	53.26	60.59	67.92	75.25	
181	52.84	60.17	67.50	74.83	
180	52.42	59.75	67.08	74.41	
179	52.00	59.33	66.66	73.99	
178	51.58	58.91	66.24	73.57	
177	51.16	58.49	65.82	73.15	
176	50.74	58.07	65.40	72.73	
175	50.32	57.65	64.98	72.31	
174	49.90	57.23	64.56	71.89	
173	49.48	56.81	64.14	71.47	
172	49.06	56.39	63.72	71.05	
171	48.64	55.97	63.30	70.63	
170	48.22	55.55	62.88	70.21	
169	47.80	55.13	62.46	69.79	
168	47.38	54.71	62.04	69.37	
167	46.96	54.29	61.62	68.95	
166	46.54	53.87	61.20	68.53	
165	46.12	53.45	60.78	68.11	
164	45.70	53.03	60.36	67.69	
163	45.28	52.61	59.94	67.27	
162	44.86	52.19	59.52	66.85	
161	44.44	51.77	59.10	66.43	
160	44.02	51.35	58.68	66.01	
159	43.60	50.93	58.26	65.59	
158	43.18	50.51	57.84	65.17	

表3　身長別 ハンドボール投げ 5 段階評価表（男子）

$\hat{Y}=0.32X-28.42$　$S_{Y\cdot x}=4.11$

$\gamma=0.435$　$p<0.01$　身長$\bar{x}=172.29$cm　ハンドボール投げ$\bar{x}=27.99$m

評価 身長（cm）	1	2	3	4	5
188	25.57	29.68	33.79	37.90	
187	25.25	29.36	33.47	37.58	
186	24.93	29.04	33.15	37.26	
185	24.61	28.72	32.83	36.94	
184	24.29	28.40	32.51	36.62	
183	23.97	28.08	32.19	36.30	
182	23.65	27.76	31.87	35.98	
181	23.33	27.44	31.55	35.66	
180	23.01	27.12	31.23	35.34	
179	22.69	26.80	30.91	35.02	
178	22.37	26.48	30.59	34.70	
177	22.05	26.16	30.27	34.38	
176	21.73	25.84	29.95	34.06	
175	21.41	25.52	29.63	33.74	
174	21.09	25.20	29.31	33.42	
173	20.77	24.88	28.99	33.10	
172	20.45	24.56	28.67	32.78	
171	20.13	24.24	28.35	32.46	
170	19.81	23.92	28.03	32.14	
169	19.49	23.60	27.71	31.82	
168	19.17	23.28	27.39	31.50	
167	18.85	22.96	27.07	31.18	
166	18.53	22.64	26.75	30.86	
165	18.21	22.32	26.43	30.54	
164	17.89	22.00	26.11	30.22	
163	17.57	21.68	25.79	29.90	
162	17.25	21.36	25.47	29.58	
161	16.93	21.04	25.15	29.26	
160	16.61	20.72	24.83	28.94	
159	16.29	20.40	24.51	28.62	
158	15.97	20.08	24.19	28.30	

表4 身長別 握力5段階評価表（女子）

$\hat{Y}=0.19X-5.60$　$S_{Y.x}=4.35$

$\gamma=0.239$　$p<0.05$　身長$\bar{x}=158.91$cm　握力$\bar{x}=25.52$kg

評価 身長（cm）	1	2	3	4	5
175	21.12	25.47	29.82	34.17	
174	20.93	25.28	29.63	33.98	
173	20.74	25.09	29.44	33.79	
172	20.55	24.90	29.25	33.60	
171	20.36	24.71	29.06	33.41	
170	20.17	24.52	28.87	33.22	
169	19.98	24.33	28.68	33.03	
168	19.79	24.14	28.49	32.84	
167	19.60	23.95	28.30	32.65	
166	19.41	23.76	28.11	32.46	
165	19.22	23.57	27.92	32.27	
164	19.03	23.38	27.73	32.08	
163	18.84	23.19	27.54	31.89	
162	18.65	23.00	27.35	31.70	
161	18.46	22.81	27.16	31.51	
160	18.27	22.62	26.97	31.32	
159	18.08	22.43	26.78	31.13	
158	17.89	22.24	26.59	30.94	
157	17.70	22.05	26.40	30.75	
156	17.51	21.86	26.21	30.56	
155	17.32	21.67	26.02	30.37	
154	17.13	21.48	25.83	30.18	
153	16.94	21.29	25.64	29.99	
152	16.75	21.10	25.45	29.80	
151	16.56	20.91	25.26	29.61	
150	16.37	20.72	25.07	29.42	
149	16.18	20.53	24.88	29.23	
148	15.99	20.34	24.69	29.04	
147	15.80	20.15	24.50	28.85	
146	15.61	19.96	24.31	28.66	
145	15.42	19.77	24.12	28.47	

表5 身長別 垂直跳び 5段階評価表（女子）

$\hat{Y}=0.31X-8.08$　$S_{Y \cdot x}=5.72$

$\gamma=0.288$　$p<0.01$　身長$\bar{x}=158.91\,cm$　垂直跳び$\bar{x}=52.71\,cm$

評価 身長（cm）	1	2	3	4	5
175	37.59	43.31	49.03	54.75	
174	37.28	43.00	48.72	54.44	
173	36.97	42.69	48.41	54.13	
172	36.66	42.38	48.10	53.82	
171	36.35	42.07	47.79	53.51	
170	36.04	41.76	47.48	53.20	
169	35.73	41.45	47.17	52.89	
168	35.42	41.14	46.86	52.58	
167	35.11	40.83	46.55	52.27	
166	34.80	40.52	46.24	51.96	
165	34.49	40.21	45.93	51.65	
164	34.18	39.90	45.62	51.34	
163	33.87	39.59	45.31	51.03	
162	33.56	39.28	45.00	50.72	
161	33.25	38.97	44.69	50.41	
160	32.94	38.66	44.38	50.10	
159	32.63	38.35	44.07	49.79	
158	32.32	38.04	43.76	49.48	
157	32.01	37.73	43.45	49.17	
156	31.70	37.42	43.14	48.86	
155	31.39	37.11	42.83	48.55	
154	31.08	36.80	42.52	48.24	
153	30.77	36.49	42.21	47.93	
152	30.46	36.18	41.90	47.62	
151	30.15	35.87	41.59	47.31	
150	29.84	35.56	41.28	47.00	
149	29.53	35.25	40.97	46.69	
148	29.22	34.94	40.66	46.38	
147	28.91	34.63	40.35	46.07	
146	28.60	34.32	40.04	45.76	
145	28.29	34.01	39.73	45.45	

表6 身長別 ハンドボール投げ 5 段階評価表（女子）

$\hat{Y}=0.27X-27.45$　$S_{Y.x}=3.79$

$\gamma=0.363$　$p<0.01$　身長$\bar{x}=158.91$cm　ハンドボール投げ$\bar{x}=15.50$m

評価 身長（cm）	1	2	3	4	5
175	14.12	17.91	21.70	25.49	
174	13.85	17.64	21.43	25.22	
173	13.58	17.37	21.16	24.95	
172	13.31	17.10	20.89	24.68	
171	13.04	16.83	20.62	24.41	
170	12.77	16.56	20.35	24.14	
169	12.50	16.29	20.08	23.87	
168	12.23	16.02	19.81	23.60	
167	11.96	15.75	19.54	23.33	
166	11.69	15.48	19.27	23.06	
165	11.42	15.21	19.00	22.79	
164	11.15	14.94	18.73	22.52	
163	10.88	14.67	18.46	22.25	
162	10.61	14.40	18.19	21.98	
161	10.34	14.13	17.92	21.71	
160	10.07	13.86	17.65	21.44	
159	9.80	13.59	17.38	21.17	
158	9.53	13.32	17.11	20.90	
157	9.26	13.05	16.84	20.63	
156	8.99	12.78	16.57	20.36	
155	8.72	12.51	16.30	20.09	
154	8.45	12.24	16.03	19.82	
153	8.18	11.97	15.76	19.55	
152	7.91	11.70	15.49	19.28	
151	7.64	11.43	15.22	19.01	
150	7.37	11.16	14.95	18.74	
149	7.10	10.89	14.68	18.47	
148	6.83	10.62	14.41	18.20	
147	6.56	10.35	14.14	17.93	
146	6.29	10.08	13.87	17.66	
145	6.02	9.81	13.60	17.39	

五．運動中における傷害への対策

　健康科学や生涯スポーツの授業を含めた大学生活、さらには卒業後の社会人生活において、運動を用いた健康および体力の維持増進は欠かせないものである。しかしながら運動中の傷害は、運動機能の低下を招くだけでなく、大きな事故につながる可能性もあるため注意が必要である。

　学生諸君には、本章にまとめられた「運動中における傷害の対策」に留意し、充実した生活を送っていただきたい。

1．傷害予防の心得

【運動前日～当日】

①前日の睡眠は十分にとり、体調を整えておく。

②食事はできる限り運動を実施する 2 時間前までに摂っておく。

③冬季でも運動 30 分前までに 250～500 mL 程度の水分補給を心がける。

④過労や病気などで体調が優れない場合は無理して運動を実施しない。

⑤当日の天候や運動を実施する場所に適した服装を用意する。

【運動中】

①ピアスやネックレスなどといった装飾品・貴金属類は安全上はずして実施する。

②設備や器具の使用規則を守り、担当教員や指導者の指示に従う。

③ウォームアップは十分に実施する（詳細は後述）。

④運動中の心拍数を計測し、体調や体力に適切な運動強度を確認する。

【運動後】

①持久走などの激しい運動直後は、ゆっくり歩くようにして循環器系

　（心臓や血管）への負担を軽減する。

②運動後も適宜水分補給を行うように注意する。

③クールダウン（詳細は後述）に十分な時間を設け、翌日に疲労をなるべく残さないようにする。

2．ウォームアップとクールダウン

　ウォームアップとクールダウンは、スポーツ実施者のパフォーマンス向上と怪我の予防に大きな影響を及ぼす。

　指導者（実施者）は、年齢、体力、既往歴、体調など個体差を考慮し、実施するスポーツの特徴に合わせて、適切にウォームアップやクールダウンを行う（指導する）必要がある。合わせて季節や天候などにおいても十分な考慮が必要である。ウォームアップとクールダウンは、日常生活とスポーツ実施の間を移行する時間であり、継続的に実施されるトレーニングやエクササイズの前後に行われるものでもある。そのため、実施者がその日の身体や心理状態を確認するための時間としても使うことができる。効果的なウォームアッ

プとクールダウンは、スポーツやエクササイズを継続的に行うためにも重要である。

1) ウォームアップ

(1) ウォームアップの実施

　ウォームアップの目的は、適切な身体・心理状態でスポーツに取り組む準備をすることである。身体面では、深部体温と筋温を上昇させる活動である。心理面では、緊張や集中の程度を確かめながら行うとよい。ウォームアップの長さは、気候や身体のコンディションによって変化させ、軽く発汗する程度が望ましい。ウォームアップする際は、下記の項目を考慮して行うとよい。

【生理学的効果】
- 体温と筋温の上昇
- 筋腱の動的、静的な柔軟性の向上
- 神経筋系の活性化
- 心拍数の増加
- 酸素運搬能力の活性化
- 使用する筋への血流量や酸素摂取の増加
- 関節可動域を広げ怪我予防に繋げる

【心理的効果】
- コンディションチェック
- 心理・精神的準備

(2) ウォームアップの分類

①一般的ウォームアップ

　一般的ウォームアップは、スポーツ種目に特定されることなく、共通して実施されるべき活動を指す。一般的ウォームアップの目的は、筋温の上昇と基本動作の実施による身体各部位の動きを円滑にすることである。

【一般ウォームアップ種目】
　ウォーキング、ジョギング、スキップなどの基本ドリル、縄跳び、ストレッチング、各種体操など

②専門的ウォームアップ

　専門的ウォームアップは、スポーツで要求される体力要素、特異的動作、対人の連動性や専門技術・戦術を考慮した動作、予防すべき傷害を踏まえた活動を指す。例えば、球技スポーツでは、フットワーク、ボールタッチ、ポジション別動作などを実施する。

【専門的ウォームアップ種目】
　野球やソフトボールのキャッチボールや素振り、サッカーのドリブルやシュート、バスケットボールのドリブルやパスなど。

(3) その他
①猛暑でのウォームアップ
　筋温を上げるためのジョギングなどのウォームアップ量を普段より軽めで済ませ、日陰の多い場所や室内練習場でウォームアップを行うなどの工夫が必要。また、猛暑時にはウォームアップの段階から、こまめに水分を補給すると同時に塩分やミネラルを補給することも重要となる。

②服装の調節
　ウォームアップの際はこまめな服装の調節が必要になる。温め過ぎて大量の汗をかくとエネルギーの無駄遣いになるだけでなく、服に溜まった汗で体温を下げてしまうことがある。汗をかいているからといって筋温が上がっているとは限らない。特に外気温の低い冬場には注意が必要で、着込み過ぎに注意する。身体が温まってきたら徐々に薄着にし、こまめに服装を調整することが大切である。

2）クールダウン
(1) クールダウンの実施
　クールダウンの目的は、スポーツ実施によって起きた心拍数の増加、筋温の上昇、代謝産物の蓄積などをすみやかに安静時に戻すことである。十分なクールダウンは疲労回復・スポーツ障害予防に有効である。また、運動によって興奮している神経・筋肉を鎮静させる働きがある。ジョギングからウォーキング、ダイナミックストレッチングからスタティックストレッチングと、段階的に実施していくとよい。近年では、スポーツ実施により筋温の上昇による筋の炎症を軽減するために、実施直後にアイシングや冷水などが用いられる。また、スポーツ実施後の疲労回復のためには、適切な水分および栄養補給を行い、休養をとることが必要不可欠である。適切なクールダウンの実施は、次の行動や次のトレーニングのためのより良い準備になる。身体の素早い回復を促すことは、身体的にはもちろん、心理・精神的な観点からも重要である。

　クールダウンを実施する際には、下記の項目を考慮して行う。

【生理学的効果】
・全身血液循環の促進
・増加した心拍数の低下
・上昇した筋温の低下
・水分・栄養補給

【心理的効果】
・心身の緊張の緩和

3）ウォームアップとクールダウンの流れ
　ウォームアップとクールダウンの一般的な流れの例を**図1**に示した。

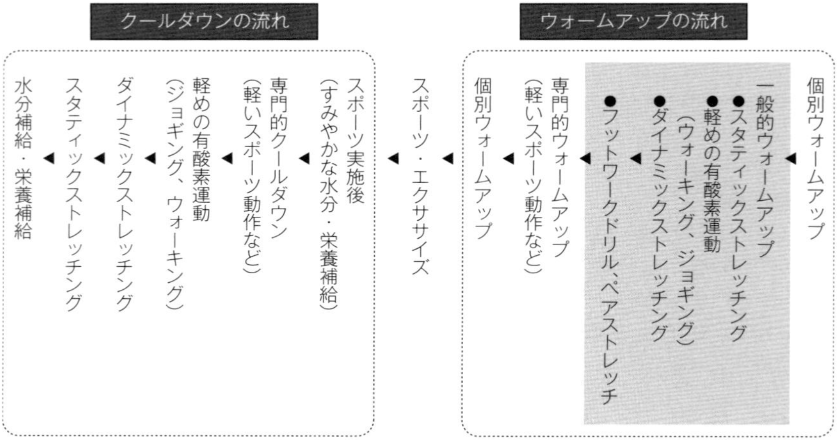

図1　ウォームアップとクールダウンの流れ

（1）ストレッチング

　ウォームアップやクールダウンには、ストレッチングが活動の1つとして用いられる。ストレッチングは、筋肉の柔軟性を高める効果があり、運動前の準備や、運動後の身体のメンテナンスとして実施される。また、ストレッチを行う前には、ウォーキングやジョギングを用いて、体温と筋温を適度に上げておくことが必要である。ストレッチングの代表的な方法には、ダイナミックストレッチとスタティックストレッチがある。以下に、その種目と実施例を示す。

①ダイナミックストレッチング

　ダイナミックストレッチング（図2）は、意識的に筋肉の収縮を行い、筋肉の柔軟性と動きの連動を高める方法である。動きを伴うストレッチではあるが、反動動作を避けて行う。特定のスポーツに必要となる動作を模倣し、全身の動きの連鎖を意識して実施するものである。具体的な方法は、a）スポーツ動作を分析し、目的となる関節と動きを設定する、b）主に動かす筋肉を収縮させることによって、拮抗筋を弛緩させる、c）スポーツの特異的な動作を準備となるイメージで実施する。ダイナミックストレッチは、体温の上昇や筋肉の柔軟性の増加、そして、筋力発揮の円滑化が期待され、同時に、動作中に動的な姿勢への意識を高めるためにも行われる。そのため、ダイナミックストレッチは、スポーツ実施前のウォームアップの種目として効果的である。

【実施するためのポイント】

①収縮させる筋群をイメージする

②呼吸は止めずに、自然に呼吸をする

③連続で5〜10回行う

【種目名】ヒップクロスオーバー	【主要ストレッチ部位】腰背部

①あお向けに寝て、腕を肩の高さに置く。②膝を曲げて立てる。③踵を支点にして両脚を左右にひねる。

【種目名】カーフストレッチ	【主要ストレッチ部位】下腿部

①腕立て伏せの状態から、左の足首を右の踵の上に乗せる。
②右のつま先をすねに向かって引き上げながら、踵を地面に向かって下げる。
③脚を替えて、反対側も同様に行う。

【種目名】ウォーキングランジ&ツイスト	【主要ストレッチ部位】股関節屈筋群、大腿前面部、体幹部

①一歩足を前に踏み出し、バランスをとりながら、上体をひねり、手で踵をタッチする。
②上体をひねりを戻して、前方を向く。
③立ち上がり、足を替えて、反対側を行う。

【種目名】ニーチェスト&ウォーキング	【主要ストレッチ部位】臀部、股関節屈筋群（支持足）

①直立した姿勢から少ししゃがみ、左膝を抱える。
②バランスをとりながら胸に左膝を引きつけながら、上体をまっすぐにするように立ち上がる。
③抱えた左膝を離して、前方に左足をつく。
④前に進みながら、左右交互に行う。

図2-1 ダイナミックストレッチングの種目紹介

【種目名】トゥーグラブ	【主要ストレッチ部位】大腿後面
	①直立した姿勢から、左足を半歩程度前に踏み出し、左足のつま先をあげる。 ②上体を前に倒しながら、左足のつま先を両手で掴み、その姿勢を保持する。 ③両手を離し、上体を起こして、右足を一歩前に踏み出す。 ④反対側を同様に行う。

【種目名】ショルダーローテーション	【主要ストレッチ部位】肩の回旋
	①直立した姿勢で立つ。 ②両肘を曲げ、両手の指先を肩の上につける。 ③肘で大きく円を描くように肩関節を回す。 ④同様の姿勢で、前回し、左右交互回しを行う。

図2-2 ダイナミックストレッチングの種目紹介

④リズミカルな動作で行う

②スタティックストレッチング

スタティックストレッチング（図3）は、目的となる筋肉を一定時間、意識的に伸ばすものである。具体的な方法は、a）ゆっくりと痛みのない範囲で可動域まで伸展させる、b）伸ばすときには反動をつけない、c）実施中は呼吸を止めない、d）可動域まで到達したらそのポーズを保持する。伸展する時間は、10～30秒を目安とする。疲労度や既往歴等に応じて、実施時間（60秒以上）を延長することもよい。スタティックストレッチングを行う際は、体温を高めておくことで、筋肉をより伸ばすことができる。そのため、実施前の準備として、ジョギングや自転車エルゴメータ、または、温水や温熱療法などで体温を高めておくことも有効である。スタティックストレッチングは、一般的にウォームアップとクールダウンのどちらにも用いられる。

【実施するためのポイント】

①ストレッチ前に体温を上げるなどの準備をする
②ゆっくりと痛みのない範囲でストレッチをする。
③筋肉が伸展されている感覚をイメージして行う。
④息を吐きながら伸ばし、可動域まできたら、自然に呼吸する。
⑤可動域まで来たら姿勢を保持して、10から30秒その状態をキープする。
⑥必要に応じてストレッチの時間やセット数を調整する。
⑦スポーツの特性やその日のコンディションに応じて実施する。

図3 スタティックストレッチングの種目紹介と実施例

三角筋	上腕後面部	前腕部

①左腕を胸の前に挙げ、左肘を右腕で抱え、胸に引きつける。 ②姿勢を保持する。	①左肘を頭の横に挙げ、肘を曲げる。 ②右手で左肘を抑える。 ③姿勢を保持する。	①左手を前方に出し、掌を上に向ける。 ②右手で左手の掌を上体の方向に向けて引く。 ③姿勢を保持する。

腰背部・股関節周囲	股関節伸展筋群

①座位で両膝を開いて曲げて、足の裏を合わせる。 ②つま先を両手で掴み、両肘が床につくように上体を腰から倒していく。 ③あごを引き、上体はリラックスさせる。	①あお向けから横を向き、左手を前方に置き、左股関節と膝関節を90°曲げる。 ②右足首を右手で掴み、右膝が体側のラインよりも後方になるポイントで保持する。

股関節屈筋群・下腿後部	アキレス腱

①左脚は伸ばし、右脚は膝を曲げて外側に倒す。 ②左脚のつま先を両手で掴む。	①左脚の膝を立て、足首を曲げる。 ②両手を左膝の上に置く。 ③踵を床から離さないようにしながら、体重をつま先側にかけていく。 ④上体を前方に倒す。

3. 救急措置法（Methods of First Aid）

1）救急措置法の重要性

　救急措置法（以下、救急法）とは、突然の事故や事態からその場に応じた適切な処置を行い、自分自身や大切な人を守るための重要な知識と方法である。また、生涯にわたってスポーツ・運動を安全に楽しむためにも身に付けたい重要なことである。怪我人や急病人（以下、傷病者）が発生した場合、その場に居合わせた人、いわゆるバイスタンダー（bystander）が応急手当を速やかに行うことによって、傷病者の救命効果が向上し、二次的な障害を予防することができ、さらにその後の治療にも良い影響を与える。したがって、緊急時に必要な手当や措置ができるように、適正な救急法の知識と方法を習得することが大切である。また1人でも多くの人が救急法をできるようになれば、お互いに助け合うことができる。そこで本稿では、医療資格を持たない人（以下、市民）でも行うことのできる救急法の知識と方法を概観する。

　市民が行う救急法は一次救命処置とファーストエイドである。

　突然の心停止、もしくはこれに近い状態になった傷病者を社会復帰に導くための方法を一次救命処置という。一次救命処置には心肺蘇生（胸骨圧迫や人工呼吸）と AED（Automated External Defibrillator：自動体外式除細動器）を用いた電気ショックに加え、異物で窒息をきたした傷病者への気道異物除去も含まれる。一次救命処置は特別な資格がなくても誰でも行えるものである。

　一方、一次救命処置以外の急な病気や怪我をした人を助けるために行う最初の行動をファーストエイドという。ファーストエイドにより命を守り、苦痛の軽減や悪化の防止が期待できる。他にもファーストエイドには出血に対する止血や熱中症への対応も含まれている。

　重篤な傷病者が発生した場合、例えば心停止の傷病者は、4分以内にバイスタンダーによる心肺蘇生と AED を用いた除細動が行われ、8分以内に救急隊員や医師による処置や治療に引き継ぐことができれば、救命率が高くなるといわれている（Holmberg et al., 2000：厚生労働省、東京消防庁ほか 2016）。脳は血流低下や血流停止による低酸素や無酸素状態に弱いため、脳および心臓の機能を取り戻すためには、現場にいるバイスタンダーが早急に心肺蘇生を実施し、全身の血液循環を改善させなければならない。また、心拍再開後に脳に後遺症を残さないためにも重要なことである。

　消防庁の報告（総務省消防庁、2017）によると、119番通報をしてから現場に救急隊が到着するまでの平均時間は約8.5分間である。この救急車到着までの空白の約8分が、傷病者の生命を大きく左右することになる。また、救急隊が傷病者に接触して処置を開始するにはさらに数分を要することが多い。心臓と呼吸が止まってから時間の経過とともに救命の可能性は低下していくが、救命の曲線（図4）によると、救急隊を待つ間にバイスタンダーが救急法を行うと救命の可能性が2倍程度に保たれることがわかっている（Holmberg et al., 2000）。すなわち、傷病者を救命するには、救急隊の到着をただ待つのではなく、救急隊が到着するまでの間にバイスタンダーが傷病者に対して適切な手当を行

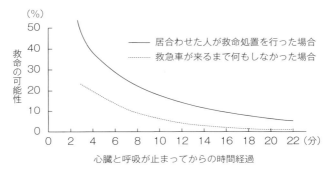

図4 救命の可能性と時間経過(Holmberg et al., 2000より引用改変)

うことが不可欠である。

2) ファーストエイドの目的

ファーストエイドとは、一次救命処置以外の「急な病気や怪我をした人を助けるために行う最初の行動」のことである。私たち市民が行うファーストエイドは、「救命」「悪化防止」「苦痛の軽減」である。反応がない、呼吸停止、気道異物などの生命に関わる症状を認めた場合には、「救命」を目的とした行動が必要である。すぐに命に関わることはないにしても、病気や怪我(以下、外傷〔例:出血、ショック、頭痛、腹痛、けいれん、傷、骨折、脱臼、熱傷など〕)の傷病者には、「悪化防止」「苦痛の軽減」を目的としたファーストエイドが必要である。

(1) 救命

1番の目的は、生命を救うこと、「救命」である。ファーストエイドを行う際は、この救命を目的とした「救命処置」を最優先する。

(2) 悪化防止

2番目の目的は、外傷や病気を現在以上に悪化させないことである。この場合は、傷病者の症状や訴えを十分把握した上で、必要なファーストエイドを実行する。

(3) 苦痛の軽減

傷病者は、心身ともにダメージを受けているため、できるだけ苦痛を与えない手当を心がけると同時に、「頑張ってください」「すぐに救急車きます」「心配しないでください」など励ましの言葉をかけるようにする。また、傷病者の不安を取り除けるよう、できるだけ静かな環境となるように配慮する。

3) 救命の連鎖と市民の役割

心停止や窒息という生命の危機に陥った傷病者や、これらが切迫している傷病者を救命し、社会復帰に導くためには、①心停止の予防、②早い119番通報(心停止の早期認識と

心停止の予防　　早い119番通報　　早い心肺蘇生と除細動　　救急隊や病院での処置
　　　　　　　（早期認識と通報）　　（一次救命処置）　　　　（二次救命処置）

図5　救命の連鎖

通報)、③早い心肺蘇生と除細動(一次救命処置)、④救急隊や病院での処置(二次救命処置)の4つが連続して行われることが必要である。これを「救命の連鎖(Chain of survival：チェーン・オブ・サバイバル)」という。この「救命の連鎖」を構成する4つの輪(図5)がすばやくつながると、より救命効果が高まる。

「救命の連鎖」における最初の3つの輪は、バイスタンダーによって行われるのが望ましい。例えば、バイスタンダーが心肺蘇生を行った場合は、行わなかった場合に比べて生存率が高いこと、あるいはバイスタンダーがAEDによって除細動を行った方が、救急隊が除細動を行った場合よりも早く実施できるため、生存率や社会復帰率が高いことが分かっている。このように、バイスタンダーは「救命の連鎖」を支える重要な役割を担っているといえる。

(1) 心停止の予防とは

子どもの心停止の主な原因には、外傷、溺水、窒息などがある。いずれも予防が可能であるため、日常より未然に防ぐことが大切である。一方、成人の突然死の原因には、生活習慣病でもある急性心筋梗塞や脳卒中があり、これらはがんとともに日本人の三大死因である。成人の突然死の予防では、生活習慣病のリスクを低下させることも重要であるが、「救命の連鎖」における「心停止の予防」は、急性心筋梗塞や脳卒中の初期症状に気づいて救急車を要請することである。これによって、心停止に至る前に医療機関で治療を開始することが可能になる。

(2) 早い119番通報 (心停止の早期認識と通報)

早期認識は、突然倒れた人や、反応のない人を確認したら、直ちに心停止を疑うことで始まる。心停止の可能性を認識したら、大声で叫んで応援を呼び、119番通報を行って、AEDや救急隊が少しでも早く到着するよう努める。なお、119番通報を行うと電話を通して心肺蘇生などの指導を受けることができ、その際、電話の問いに応じて傷病者の状態をできるだけ正確に伝えることが重要である。

(3) 早い心肺蘇生と除細動 (一次救命処置)

「救命の連鎖」の3つ目の輪は一次救命処置(心肺蘇生とAED)、つまり止まった心臓と呼吸の機能を取り戻すための補助をすることである。心臓の動きが止まると15秒以内

に意識が消失し、3〜4分以上そのままの状態が続くと脳の回復は困難となる。心臓が止まっている間、心肺蘇生によって心臓や脳に血液を送り続けることは、AEDによる心拍再開の効果を高めるためにも、さらには心拍再開後に脳に後遺症を残さないためにも重要なことである。

　突然の心停止は、心臓が細かくふるえる「心室細動」によって生じることが多く、この場合、心臓の動きを戻すには電気ショックによる「除細動」が必要となる。日本では、バイスタンダーにより目撃された突然の心停止のうち、救急隊が電気ショックを実施した場合の1カ月後社会復帰率は17.9％で、バイスタンダーが電気ショックを行った場合は35.8％と約2倍の結果であった。バイスタンダーが救急隊の到着前にAEDを用いることで、より早く電気ショックが実施できたためと考えられ、バイスタンダーによる早急なAEDの使用が望まれる。

（4）救急隊や病院での処置（二次救命処置）

　救命救急士や医師が一次救命処置と並行して薬剤や気道確保器具などを利用した二次救命処置を行うことである。心臓と肺の動きが再開したら、専門家による集中治療やリハビリテーションにより社会復帰を目指す。

4）突然の心停止を防ぐためには

　突然、心臓や呼吸が止まってしまうような事態は何の前触れもなく、突然訪れることもありうるが、前触れがみられることも少なくない。このような前触れや兆候に気がついて、心臓や呼吸が止まる前に119番通報をして救急車を呼ぶことができれば、助かる可能性が高くなることは明白である。成人の心臓や呼吸が突然止まる主な原因は、急性心筋梗塞や脳卒中といわれている。急性心筋梗塞は、冠状動脈と呼ばれる心臓に血液を送る血管が狭窄することによって生じる重篤な状態である。冠動脈が狭窄されると、心臓全体に血液が行き届かなくなるため、心臓の筋肉（心筋）が壊死してしまい、心臓の動きが弱まったり、心臓が突然止まってしまう不整脈を起こしたりする。このような心疾患で最も多い自覚症状は、胸の真ん中に突然生じて持続する強い痛みであるが、その痛み方は人によって異なり、胸だけでなく肩、腕やあごにかけて痛むこともある（放散痛、関連痛）。また、痛みをあまり訴えず、胸が締め付けられるような苦しさだけを訴えることもある。重症の場合は、痛みだけでなく、息苦しさ、冷や汗、吐き気などがあり、立っていられずにへたり込んでしまうこともある。一方、脳卒中は、脳の血管が狭窄したり、破けて出血したりすることによって生じる。脳の血管が狭窄されると、脳に血液が行かなくなるので、そのままだと、脳梗塞といわれる状態になる。脳梗塞になると脳の神経細胞が壊死してしまい、脳梗塞の部位によっては、体の片側に力が入らなくなったり、しびれを感じたり、言葉がうまくしゃべれなくなったり、ものが見えにくくなることもある。最悪の場合は、目が覚めなくなり、呼吸が止まって亡くなってしまうこともある。また、脳の血管が破けて脳の表面に出血するとクモ膜下出血になり、生まれて初めて経験するような非常に強い頭痛に襲われる。クモ膜下出血は、繰り返して出血することが多く、その度に命の危険が増大して

いく。

　以上のような心臓発作や脳卒中の場合は、少しでも早く病院に行って治療を始めることが重要であり、自力で病院に行こうとすると、その間に悪化して致命的になることもあるので、急変に対応できるように、119番通報をして救急車で病院に運んでもらう方が安全である。傷病者本人は119番通報を遠慮することもあるが、前述のような症状が急に起こったら、強く説得して、ためらわずに119番通報をした方が良い。119番通報をしたら、救急車が来るまでそばで見守り、容体が変わらないか注意しておくことが大切である。万が一、反応がなくなり、普段どおりの息もなくなったら、ただちに心肺蘇生法を開始する。

　子どもの突然死の主な原因は外傷、溺水、窒息などであるが、その多くは日常生活の中で十分に注意することで予防できるものである。心臓や呼吸が止まってしまった場合の救命処置も大切であるが、何よりも突然死を未然に防ぐことが最も重要である。自動車のチャイルドシートや自転車やスポーツ時のヘルメット着用、水の事故への注意、小さな子どもの手の届くところに口に入る大きさのものや中毒の原因となるような薬品や洗剤を置かないなどの配慮が子どもを突然死から守ることができる。

5）救急法に関する用語（東京消防庁ほか、2016）

（1）救急蘇生法
　市民が行う救急蘇生法は一次救命処置と簡単なファーストエイドのこと。

（2）一次救命処置
　胸骨圧迫や人工呼吸による心肺蘇生とAEDを用いた電気ショックに加え、気道異物除去。

（3）ファーストエイド
　ファーストエイドとは、一次救命処置以外の「急な病気や怪我をした人を助けるために行う最初の行動」のこと。ファーストエイドには、2つの項目があり、「病気に対するファーストエイド」と「怪我に対するファーストエイド」がある。他にも「回復体位」、「止血の方法」、「熱中症」への対応も含まれている。

（4）心肺蘇生（図6）
　反応と普段どおりの呼吸がなく、呼吸と心臓が停止もしくはこれに近い状態に陥ったときに、呼吸と心臓の機能を補助するために「胸骨圧迫」と「人工呼吸」を繰り返すこと。（心肺蘇生は、cardio［心臓］、pulmonary［肺］、resuscitation［蘇生］の頭文字から「CPR」と略称されている）

（5）AED（自動体外式除細動器）を用いた除細動
　不整脈によって心臓が停止しているときに、AEDを用いて除細動（電気ショック）を行うこと。

（6）気道異物除去
　気道（空気の通り道）に異物を詰まらせ呼吸ができなくなっている人の異物を取り除くこと。

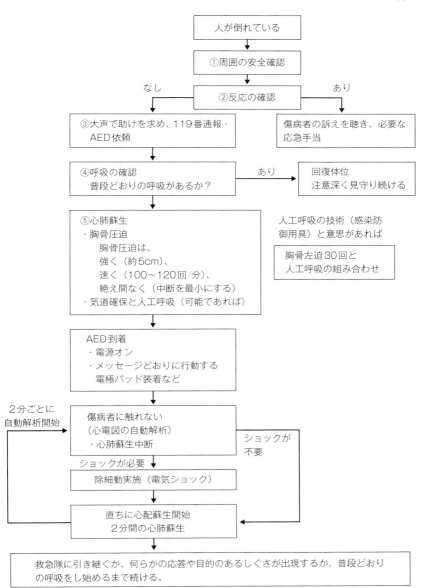

図6 AEDを用いた心肺蘇生法の手順

表1　年齢区分

成人	16歳以上
小児	1歳以上16歳未満（思春期以前）
乳児	1歳未満

図7　反応の確認

(7) 救命処置分野における年齢区分

年齢による心肺蘇生の方法に違いはないが、胸の厚さ等により手当の手技に多少の違いが出てくる。表1が救命処置における年齢の区分である。

(8) 死戦期呼吸

心臓が止まった直後に見られる、しゃくりあげるような途切れ途切れの呼吸のこと。呼吸の確認の際、胸腹部の動きを見て、明らかに呼吸があるとわかるとき以外は、「普段どおりの呼吸」がないと判断し、心肺蘇生を開始する。

6) 心肺蘇生の流れ

(1) 周囲の安全確認

・近寄る前に周囲の安全確認を行う（車が通る道路などに人が倒れている場合など）。
・反応の確認を行う前に、傷病者に近づきながら現場周囲の状況が安全であるか確認し、可能な限り自らと傷病者の二次的危険を取り除く。
・傷病者が危険な場所にいる場合は、自分の安全を確保した上で傷病者を安全な場所に移動させる。

(2) 反応の確認

・肩をたたきながら呼びかけて反応するか確認する。
・肩をたたきながら、できるだけ耳元の近くで名前を呼んだり、「分かりますか」「大丈夫ですか」「もしもし」などと呼びかける（図7）。乳児の場合は、足の裏を刺激しながら呼びかけることも有効である。
＊判断すること：目を開けたり、何らかの応答や目的のあるしぐさがあれば「反応あり」、それがなければ「反応なし」と判断する。
＊注意すること：体を大きく揺すって反応をするのは好ましくない。
・話ができれば、傷病者の訴えを十分に聴き、必要な応急手当に着手し、悪化防止、苦痛の軽減に配慮する。

(3) 大声で助けを求め、119番通報・AED依頼

・反応がないと判断した場合には、直ちに「誰か来てください」と大声で助けを求めて、「人が倒れています、あなたは119番通報してください」「あなたはAEDを持って来てください」など、人を指定して具体的に協力を求める（図8）。
・救助者が1人の場合は、まず自ら119番通報し、AEDが近くにある場合はAEDを取

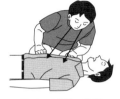

図8　119番通報とAED手配の依頼

吹き出し内:
誰か来てください！
人が倒れています。
あなたは119番通報してください。
あなたはAEDを持ってきてください。

図9　呼吸の確認　　　　　**図10　回復体位**

りにいく。119番通報し救急車が到着するまでの間に、通報を受けた指令室員や救急隊員から応急手当の依頼、またはその方法の指導を行うことがあるので、指示に従って応急手当を実施する。

(4) 呼吸の確認
・普段どおりの呼吸の有無を10秒以内で確認する。
・視線を傷病者の胸腹部に向け、呼吸の状態を見て確認する（図9）。（目視で呼吸により動く胸部の動きの有無を確認する）
・反応はないが普段どおりの呼吸がある場合には、気道確保を行い、応援や救急隊の到着を待つ。その間、傷病者の呼吸状態を注意深く観察し、呼吸が認められなくなった場合には、直ちに胸骨圧迫を開始する。一方、反応はないが普段どおりの呼吸をしている傷病者で、嘔吐や吐血などがみられる場合、あるいは救助者が1人であり、やむを得ず傷病者のそばを離れる場合には、傷病者を横向きに寝た姿勢で口を下に向け、嘔吐物等で窒息しないよう注意する（回復体位：図10）。

＊判断すること：胸腹部の動きが見られない場合は、普段どおりの呼吸なしと判断する。

(5) 心肺蘇生
普段どおりの呼吸がなければ、呼吸だけでなく脈拍もないと判断し、ただちに胸骨圧迫と人工呼吸を併用した心肺蘇生を実施する。また、傷病者が心停止かどうか判断できない場合であっても、ただちに心肺蘇生を実施する。

①胸骨圧迫の位置
心臓は胸の中央にある胸骨の裏で、やや左側に寄ったところにあるが、圧迫する部位は胸骨の真上である（図11）。

胸骨の下半分の位置で、目安として胸の中央（胸骨上）である。圧迫をする際は、一方

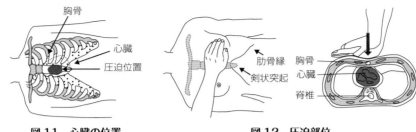

図11 心臓の位置　　　　　　　　　**図12 圧迫部位**

の手の手掌基部（手根部）だけを胸骨（圧迫位置）に平行に当て、他方の手を重ねる。肋骨など胸骨以外の場所に手が当たらないように注意する（指をからませたり、両手先を反らせ行うとよい：図12）。この際、あまり足部側を圧迫すると、剣状突起を圧迫し、内臓を傷つけるおそれがあるので、圧迫する前に必ず圧迫位置をしっかりと確認し、手掌基部を置く。

②胸骨圧迫

【成人に対する胸骨圧迫の実施方法】

→十分な強さと速さで、可能な限り中断せずに、絶え間なく圧迫する

　傷病者の胸が約5cm沈み込むように強く、早く圧迫を繰り返す。圧迫の速さは、1分間に少なくとも100～120回のテンポで圧迫を繰り返す。

　沈んだ胸が元の位置まで戻るように圧迫を解除する。手を胸から浮き上がらせたり、圧迫位置がずれないように注意する。

→圧迫する時の姿勢

　救助者の疲労も最小限に抑えるために、圧迫時の姿勢も重要である。圧迫時は、肩が胸骨の真上にくる位置に膝立ちになり、肘と背中をしっかり伸ばして、腕の力で押すのではなく体重で押すように圧迫を繰り返す。

【小児に対する胸骨圧迫の実施方法】

　小児では、胸骨圧迫の強さが成人と異なる。小児では、胸の厚さの約1/3沈み込む程度に圧迫を行う。また、体が小さく両手では強すぎる場合は片手で行う。

【救助者の交代】

　成人の胸が約5cm沈むような力強い圧迫を繰り返すには体力を要する。疲れてくると気がつかないうちに圧迫が弱くなったり、テンポが遅くなったりすることから常に意識して強く、速く、胸骨圧迫を行う。他に協力者がいる場合は、1～2分を目安に役割を交代し、交代による中断時間をできるだけ短くすることが大切である。特に人工呼吸を行わず胸骨圧迫だけを行っている場合は、より短い時間で疲労してくることから頻繁な交代が必要になる。

【注意事項】

→こわごわ圧迫したのでは深さが足りず、十分な効果が得られないことがある。

図13 気道確保　　　　　　　　図14 人工呼吸

→手や指が肋骨やみぞおちに当たっていると、内臓を傷つけるおそれがある。
→位置がずれていたり、斜めに圧迫したりすると、胸骨圧迫の効果が減少する。
→胸骨圧迫の練習は必ず人形で行う。人間の体で練習を行わない。

③人工呼吸

・人工呼吸の方法を訓練していない場合
・人工呼吸用マウスピース等がない場合　　　　　　　　　　人工呼吸を行わず、
・血液や嘔吐物などにより感染危険がある場合　　　　　　　胸骨圧迫を行う。

　成人に対する人工呼吸は、口対口の吸気吹き込み人工呼吸が、最も簡単で効果があるといわれ、基本となる方法である。この方法は、訓練を積み素早く人工呼吸ができる場合のみ実施する。人工呼吸のやり方に自信がない場合や、人工呼吸を行うために傷病者の口に直接することにためらいがある場合には胸骨圧迫のみ実施する。

→舌根沈下による気道閉塞状態を解消するために気道を確保したままで（頭部後屈あご先挙上法、図13）、額を押さえていた手の親指と人差し指で、傷病者の鼻をつまみ、鼻の孔を塞ぐ。
→自らの口を傷病者の口より大きく開け、傷病者の口をすべて覆って、呼吸が漏れないよう密着させる。
→人工呼吸での胸骨圧迫中断時間は10秒以内とし、その中で、胸を見ながら（図14）胸の上がりが見える程度の量を約1秒かけ静かに2回吹き込む。1回目の人工呼吸で胸の上がりが見えない場合は、再度気道確保し、2回目の人工呼吸を行う。2回目で胸の上がりが確認できてもできなくても、人工呼吸の試みは2回までとし、胸骨圧迫に進む。
→人工呼吸は感染の危険性が低いといわれているが、出血している場合もありうるので実施の際は、人工呼吸用マウスピース（一方弁付）を利用するとより安全に行える。

④年齢区分における心肺蘇生
　年齢区分における心肺蘇生法で異なる箇所があるので、表2を参照していただきたい。

7) AEDによる除細動
(1) AEDとは

　AED（自動体外式除細動器：Automated External Defibrillator）は、高性能の心電図

表2　年齢区分における心肺蘇生法の違い

	対象	成人	小児	乳児
心肺蘇生	胸骨圧迫人工呼吸	30：2		
人工呼吸	送気量	胸の上がりが見える程度の量		
	送気時間	約1秒		
	送気回数	2回		
胸骨圧迫	圧迫位置	乳頭と乳頭の真ん中		上記より指1本足側
	圧迫法	両手	両手または片手	2指（中・薬）
	圧迫の強さ	約5cm	胸の厚さ1/3	
	テンポ	100～120回/分		

自動解析装置を内蔵しており、心電図を解析し除細動（電気ショック）が必要な不整脈を判断する医療機器である。公共の場にある AED は、操作が非常に簡単で、電源ボタンを押すと（または機器のカバーを開けると）、機器が音声メッセージなどにより、救助者に使用方法を指示する仕組みになっている。また、ほとんどの機器において、除細動が必要ない場合にはボタンを押しても通電されないなど、安全に使用できる設計になっている。

（2）早期細動の必要性

「突然の心停止」は、多くの場合、心室細動という不整脈が原因といわれている。この心室細動は、心臓の筋が不規則に細かく拍動し、筋ポンプ機能を失っている状態である。これにより、脳はもちろん、全身へ血液を送ることができなくなる。そのまま放置すると、たとえ細かい拍動が止まってまったく動かない心停止となり、電気ショックに反応しなくなることが多い。また、この心室細動には時間の経過が大きく影響するため、除細動をできるだけ早く行い、さらに心肺蘇生法を継続する必要がある。

（3）AED による除細動の実施方法

AED による除細動の対象者は、反応がなく、普段どおりの呼吸のない傷病者である。

① AED が到着したら

周囲に医療従事者がいない場合は、自分で AED を操作する。救助者が複数の場合は、救助者の1人が心肺蘇生を続けながら、別の1人が AED の操作を開始する。しかし、救助者が1人の場合は、心肺蘇生を中断し AED の操作を開始する。

まず AED の電源を入れ（電源ボタンを押すものやカバーを開けると自動的に電源が入るものある）、音声メッセージが流れるので、その指示どおりに行動する。

②電極パッドの貼付

電極パッドが傷病者の肌に直接貼れるよう衣服を開く。電極パッドを貼る位置は電極パッドに描かれた絵のとおりに貼る（1枚は右鎖骨下側、もう1枚は左脇下から5cm ぐらい下側、図15）。未就学児（おおよそ6歳まで）には、小児用の電極パッドを使用する。小児用の電極パッドが AED の中に入っていない場合には、やむを得ず成人用の電極パッ

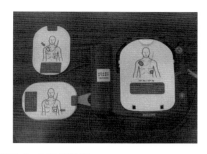

図15 電極パッド貼付位置

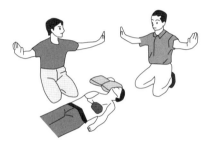

図16 除細動(電気ショック)時

ドで代用する。また AED 本体に成人と小児の切り替えスイッチがある機種は、小児用に切り替えて AED を起動させる。

なお、未就学児以外の傷病者に対し、小児用の電極パッドを使用しない。なぜなら、小児用の電極パッドでは成人の身体に対してエネルギーが不足し、除細動の成功率が低くなるおそれがある。小児用の電極パッドしかない場合は、AED を使用せず胸骨圧迫を続ける。

③心電図解析が始まったら

AED が心電図解析(除細動が必要かどうかの判断)を自動的に行う。この際、音声メッセージにより、傷病者に触れないように指示が出るので、誰も触れていないか確認する。機種によっては、解析ボタンを押す必要があるものもあるので、音声メッセージに従って解析ボタンを押す。複数の救助者がいて心肺蘇生を継続している場合も、傷病者に触れないよう音声メッセージが出たらただちに心肺蘇生を中止する。

④除細動(電気ショック)を行う

心電図の解析結果から電気ショックが必要な場合は、自動的に充電が開始され、「ショックが必要です」と音声で指示される。充電が終わり電気ショックの準備が完了すると、「ショックボタンを押してください」と音声指示があり、ショックボタンが点滅する。この際、救助者は誰も傷病者に触れていないことを確認し(図16)、ショックボタンを押す。ショックが行われると傷病者の体が、ピクッと動くことがある。電気ショックを実施した

後、AED のメッセージに従い、ただちに胸骨圧迫から心肺蘇生を再開する。心肺蘇生と AED の手順の繰り返しは、救急隊に引き継ぐか、何らかの応答や目的のあるしぐさが出現したり、普段どおりの呼吸が出現するまで継続する。この際、何らかの応答やしぐさ、普段どおりの呼吸が出現した場合は、呼吸が妨げられないよう回復体位（**図 10**）にする。

（4）電極パッドを貼り付ける際の注意点

①傷病者が未就学児（おおよそ 6 歳まで）のとき

未就学児（おおよそ 6 歳まで）には、原則として小児用の電極パッドを使用するが、小児用の電極パッドが AED に入っていない場合は、やむを得ず成人用の電極パッドで代用する。

②体が水で濡れているとき

傷病者の胸を乾いたタオルや衣服などで拭き取る。濡れたまま電極パッドを貼ると、電流が皮膚の表面を伝わり、電気ショックが十分に伝わらないことがある。

③ペースメーカー、ICD（自動植込み型除細動器）が確認されたとき

電極パッドをペースメーカーや ICD のある場所（前胸部右鎖骨下部に装着していることが多く、皮膚の出っ張りを確認できる）を避けて貼付する。これらの上に電極パッドを貼ると、電気をブロックし十分な効果が得られない可能性がある。

④医療用貼付薬あるいは湿布薬が確認されたとき

そのまま電極パッドを貼ると、電流が心臓に伝わらない、あるいはやけどを起こす危険などがあるため、貼付薬等をはがして胸をしっかり拭いてから電極パッドは貼る。

⑤胸毛が多い（濃い）とき

胸毛が多い場合、電極が肌に密着しないなど電気ショックの効果が十分に得られない可能性がある。その際は、AED レスキューセット内に入っているカミソリ等で、電極パットを貼る位置の毛を処理するなどして、パットが浮かないよう注意する（AED のレスキューセットにカミソリなど入っていない場合もある）。

⑥パット貼付け部付近に金属類がある場合

金属製品（ネックレス等）が電極パッドに接触していると、電気ショックの効果が不十分になるだけでなく、火花が飛び散るなどの危険があるため、取り外すことが推奨されている。早急に除細動を行うことが最優先であり、ネックレス等を外すのに時間が掛かる場合は切って取り外すことも考える必要がある。また、金属が電極パッドに接触するのは絶対に避ける必要があるが、そうでなければ時間をかけて無理に外す必要はない。

8）気道異物除去

（1）気道異物除去

気道は呼吸の際の空気の通り道であり、鼻・口から肺に至るまでの部分である。この気道に、食べ物や嘔吐物などの異物が詰まると窒息し、放置すれば死に至ってしまう。したがって、目の前で発生した窒息の傷病者は、迅速に気道異物を除去する必要がある。（ユニバーサル）チョークサイン（**図 17**）を出しているとき、声が出せない、顔色が急に青

図 17　チョークサイン

図 18　背部叩打法

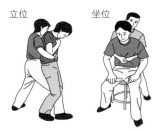
立位　　　坐位

図 19　腹部突き上げ方（ハイムリック法）

ビニール手袋を着用してガーゼを圧迫する　　手袋の代わりにビニール袋を利用する

図 20　直接圧迫止血法

色になった場合は気道閉塞が疑われる。この際、咳をすることが可能であれば、咳が異物除去に最も効果があるため、積極的に咳を出させる。もし、咳も出せず、または声も出せず、もがいている様子であれば、ただちに気道異物除去を行う。

(2) 成人・小児に対する気道異物除去

気道異物除去の対象者であると判断したら、大声で助けを呼び、119番通報とAEDの搬送を依頼し、直ちに気道異物の除去を行う。成人および小児の傷病者に対しては、手根部で傷病者の上背部を叩く背部叩打法（図18）や、傷病者の上腹部を斜め上方に圧迫し、気道異物を取り除く腹部突き上げ法（ハイムリック法〈ハイムリッヒ法とも呼ばれている〉、図19）を実施する。原則として反応がある傷病者に対して実施し、成人および小児では、背部叩打法と腹部突き上げ法を併用して行う。これらは回数や順序は問わず、異物が取れるか、反応がなくなるまで続ける。ただし、腹部突き上げ法については、反応のない場合や妊婦（明らかにお腹が大きい場合）、乳児・新生児（1歳未満）には内臓損傷などの危険があるので実施しない。妊婦や乳児・新生児には、背部叩打法のみを実施する。

9) その他の応急手当

(1) 止血法

外傷で出血が多い場合は、迅速かつ適切に止血できないと死に至る危険性が高くなる。市民が行う止血の方法は、出血部位にガーゼや布などを当て、直接圧迫する方法（直接圧迫止血法、図20）が推奨されている。出血部位を確認し、ガーゼやハンカチ、タオルな

表3　熱傷の程度

Ⅰ度	熱傷【表皮熱傷・紅斑性】 皮膚が赤くなり、少し腫れている状態
Ⅱ度	熱傷【真皮熱傷・水疱性】 水疱（水ぶくれ）ができたり、糜爛（ただれ）している状態
Ⅲ度	熱傷【全層熱傷・壊死性】 皮膚が硬く黒く壊死している状態、または、白色に変色している状態

どを重ねて出血部位に当てて、その上から圧迫する。止血の際に、救助者が傷病者の血液に触れると、感染症を起こす危険性があるので、救助者は感染症から身を守るために、可能であればビニール手袋を着用するか、ビニール袋を手袋の代わりして処置を行う。なお、出血が激しい場合や直接圧迫止血が難しい場合に救急隊員や医療従事者が行う方法として、出血部位から中枢側の動脈を手や指、止血帯で圧迫し血流を遮断する方法（間接圧迫止血法）があるが、使い方を誤ると、血管や神経を損傷させることがあるので、市民には推奨できない。

（2）熱傷（やけど）

熱傷の重症度は、熱傷の面積、深さ、部位、また年齢、受傷時の健康状態等の条件によって決定される。一般には、受傷者が乳児や高齢者の場合、気道を熱傷している場合、熱傷が深い場合、面積が広い場合ほど重症となる（表3）。Ⅰ度熱傷は自然に治るので、通常、医療機関に行く必要はない。Ⅱ度熱傷は指先などの小さなもの以外は治療が必要であり、また、タオルなどで覆いきれない広範囲のⅡ度熱傷またはⅢ度熱傷は、ただちに医療機関での診察が必要である。

応急手当については、反応、呼吸に異常があれば、救命処置を優先する。熱傷のみの場合は、原則として水道水などの清潔な水で冷却する。冷却することで、痛みの軽減、熱傷の深さ、腫れ、感染、手術の必要性を減らす。ただし、氷や氷水により長時間冷却することは、熱傷部を悪化させることがある。また、熱傷が広範囲の場合、全体を冷却し過ぎると体温が極端に低下する可能性があるので、10分以上の冷却は控える。水疱（水ぶくれ）は傷口を保護する効果があるので、水疱ができている場合は極力つぶれないようにそっと冷却し、ガーゼなどで覆い保護する。

（3）歯の損傷

歯ぐきからの出血は、丸めた綿やティッシュペーパーなどで圧迫して止血を行う。抜けた歯は歯ぐきには戻さず牛乳に入れて、速やかに歯科医師の診察を受ける。抜けた歯を持つときは、歯の付け根の部分に触れないように注意する。

（4）アナフィラキシー

医薬品（治療用アレルゲンなども含む）などに対する急性の過敏反応により、医薬品投与後多くの場合は30分以内で、じんま疹などの皮膚症状や、腹痛や嘔吐などの消化器症状、そして息苦しさなどの呼吸器症状などを示す状態をアナフィラキシーという。さらに、血

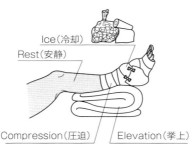

図21　足関節捻挫に対するRICE処置

圧低下が急激にあらわれることがあり、致命的になることもある。もし、このような症状が起きた場合は、ただちに119番通報を行う。このような場合には、アドレナリンという薬を一刻も早く使用することが求められる。このため、過去にアナフィラキシーで思い症状が出た人の中には、医師からアドレナリン自己注射器（エピペン®）が処方される。例えば、ハチに刺される危険性の高い林業関係者や、食べ物にアレルギーのある子どもなどである。症状が重く傷病者自身が使用できない場合には、傷病者の要求に応じて自己注射器を使用できるようにする。

　自己注射器が処方されている子どもに対して、救急救命士や救命の現場に居合わせた教職員は、本人に代わっての使用が認められているため、使用できるように訓練しておくことが望まれる。なお、自己注射器を使用して症状が改善しても必ず医師の診察を受ける。

(5) 骨折・脱臼

　外傷で四肢が変形または関節が変位している場合は、骨折または脱臼が疑われる。この場合は、変形または偏位した部分を動かさずに、そのままの状態で安静に保つ。移動する際に受傷部位が動いて痛みが強い場合には専用シーネ、添え木、厚い雑誌、三角巾などで固定する。この際は原則として受傷部位上下の関節を固定する（二関節固定）。

(6) 捻挫（靱帯損傷）や打撲、肉ばなれなど

　これらの応急手当は、基本的にRICE処置を行う（図21）。RICE処置とは、安静(Rest)、冷却（Ice）、圧迫（Compression）、挙上（Elevation）の頭文字からとった名称である。この処置を行うことによって、痛みを和らげることはもちろん、内出血や腫れを抑え、損傷した部位や周囲の腱、血管、神経などの保護にも役立つ。ただし、長時間の冷却＋圧迫は皮膚や神経を痛めてしまうことがあるので、1回あたり10〜20分を目安に実施する。

(7) 熱中症

　熱中症とは、暑熱環境で発生する障害の総称で、「熱失神」、「熱疲労（熱ひはい）」、「熱射病」、「熱けいれん」に分けられる。熱中症は、重症化すると死に至る緊急事態であることはいうまでもない。直射日光や高温多湿の環境下で長時間の労働やスポーツ活動、炎天下の乗用車内に長時間取り残されたりすると、体温調節機能や血液循環機能が十分に働か

なくなり、さまざまな障害が現れてくる。特に熱射病は、体温が上昇して脳や内臓の機能障害を引き起こし、死亡する危険性が高くなる状態である。40℃以上の高体温と意識障害（応答が鈍い、言動がおかしい、意識がない）が特徴である。

　立ちくらみ、こむら返り、大量の発汗といった症状だけであれば、傷病者を涼しい場所で安静にし、水分・塩分（スポーツドリンクなど）を補給しながら体を冷却する。頭痛や吐き気、倦怠感があるときは医療機関を受診する。さらに意識がもうろうとし、熱射病の症状がみられた場合はただちに119番通報し、救急隊が到着するまで冷却する。

　冷却するには、衣服を脱がせ、体を濡らし、うちわや扇風機で風を当てるのが効果的である。近くに十分な水（水分）がない場合は、飲料水等を口に含み霧状にして全身にまんべんなく吹きかけることで、汗による気化熱の冷却と同じような効果をもたらす。また、氷嚢や保冷剤で脇の下、太ももの付け根、頸などを冷やすのも有効である。

10）救急車の利用方法（厚生労働省；救急振興財団；総務省消防、2017）

（1）救急車の適正利用

　救急業務とは傷病者の生命および身体を護るため、また、住民が等しく利用し得る公共の業務である。しかしながら、救急業務は公共性があるとはいえ、救急車の数には限りがある。緊急に医療を受ける必要がある傷病者が救急業務の対象であることを理解し、良識ある利用に努める必要がある。そこで、傷病者の状態から、緊急性がない場合には民間救急サービスやサポートCab（救急サポート専用タクシー）を利用することが望ましい。また、救急車を呼ぶか、すぐに病院へ行った方が良いか迷ったとき、診察可能な病院がわからない場合は、地域の救急相談センター（東京都であれば、東京消防庁救急相談センター）を利用する。救急相談センターでは、救急車を呼んだ方が良いのかなどの受診に関するアドバイスや応急手当に関するアドバイス、診察可能な医療機関の案内を随時行っている。

（2）救急車要請の対象となる傷病者

　救急車の対象となる場合は、医療機関へ緊急に搬送する必要がある次の傷病者が当てはまる。

①災害により生じた事故の傷病者

②屋外や公衆の出入りする場所において生じた事故の傷病者

③屋内において生じた事故の傷病者で、迅速に搬送する適当な手段がない場合

④生命の危険や著しく悪化のおそれがある症状を示す疾病の傷病者で、迅速に搬送する適当な手段がない場合。

（3）救急車要請の行い方

　119番通報は、近くの消防書でなく、消防本部につながる。例えば、東京都では、稲城市及び島諸地域を除き、23区内は千代田区大手町、多摩地区では立川市にある災害救急情報センターにつながる。受診した災害救急情報センターが、現場から最も近い出動可能な救急車の出動を指令する。救急車が到着するまでの間において、災害救急情報センター勤務員や救急隊員が、応急手当の依頼や指導を行うことがあるので、可能な限り指示に従っ

て協力する。携帯電話、PHS などの移動電話から通報した場合、所在や目標等を再確認する場合がある。通報後、しばらくはメイン電源を切ることを避ける。119 番へ電話が通じたら、慌てず、救急内容、救急車が来てほしい場所（所在地、建物名、階層など）、事故の状況や傷病者の状態、通報に用いている電話の番号を伝える。

（4）到着した救急隊員に伝える内容

より早く、救護を受けるために、救急車のサイレン音が聞こえたら、可能な限り案内人を出して救急隊員を誘導する。救急隊員が到着したら、事故または発病の状況、救急隊が到着するまでの容態変化、行った手当の内容、AED を使用したならば除細動を行った回数、持病があればその病名とかかりつけ病院（主治医）、在宅医療を行っている場合はその内容と普段から受けている主治医の指示内容を伝える。

【文　献】

Holmberg M et al.: Effect of bystander cardiopulmonary resuscitation in out-of-hospital cardiac arrest patients in Sweden. Resuscitation, 47（1）: 59 – 70, 2000.

厚生労働省，日本救急医療財団心肺蘇生法委員会監修：救急蘇生法の指針 2015（市民用）.

救急振興財団：応急手当講習テキスト〜救急車がくるまでに〜　改訂 5 版．東京法令出版.

森谷敏夫総監修：NSCA パーソナルトレーナーのための基礎知識　第 2 版．NSCA ジャパン，2013.

日本トレーニング指導者協会：トレーニング指導者テキスト　実践編　改訂版．大修館書店，2014.

Radcliff J: Functional training for athletes at all levels. Ulysses Press, 2007.

咲花正弥監訳：身体の中心から変える コアパフォーマンス・トレーニング．大修館書店，2008.

篠田邦彦総監修：ストレングストレーニング&コンディショニング　第 4 版．ブックハウス・エイチディ，2018.

総務省消防庁：平成 29 年版　救急・救助の現況．2017.

東京消防庁，東京都福祉保健局，東京都医師会監修，東京防災救急協会編：上級救命講習テキスト－ガイドライン 2015 対応－．東京防災救急協会，2016.

山本利春：知的アスリートのためのコンディショニング　新装版．ベースボール・マガジン社，2008.

六−1. 剣 道

1. 剣道の歴史

　剣道は日本刀の発明を源として、戦国時代の武術性、江戸時代の芸道性、幕末以降の競技性など、日本の風土の中でそれぞれの時代における新たな価値を見出しながら、現在に至っている伝統文化である。特に江戸時代中期における、剣道具および竹刀の考案と改良による「竹刀打ち込み稽古」に端を発し、競技性が加味されながら社会的な拡がりをみせ、人間教育の手段として今日まで継承され発展してきたものである。

　1970年には国際剣道連盟（FIK）が設立され、3年に1度世界大会が行われている。国際剣道連盟には55の国と地域が加盟しており、今後のさらなる国際化が期待される。

　学校体育における剣道は、1911年に正課として認められて以来、教科体育、課外活動等において心身の健全なる育成を図るうえで重要な位置を確保するに至っている。また、2008年3月の中学校学習指導要領の改正により、2012年4月より中学校の体育分野で、「武道」は1・2年次においてすべての生徒が履修する領域となった。

　剣道は時代によって変化を遂げてきたが、「剣の理法の修練による人間形成の道である」を求めるもので、そのためには「竹刀の本意、礼法、生涯剣道」を指針とする剣道を正しく普及させることが必要である。

2. 竹 刀

　竹刀の名称を**図1**に、基準を**表1**に記す。

　幼少時にあっては、試合規則に示された基準にとらわれず、各人の身体的な発育・発達状態に合った長さと重さの竹刀を使用することが望ましい。

3. 礼

1) 礼の考え方

　一般的に、礼は社会の秩序を保つための習慣で「丁寧に応接する」ことや、「挨拶をする」「おじぎをする」など、形よく整った態度や作法のことであり、人の守るべき節度ある正しい行いをいう。

　剣道は「礼に始まり礼に終わる」と言われているように、特に礼儀作法を重んじ、厳格

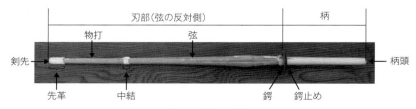

図1　竹刀の名称

表1　竹刀の規定重量・長さ

		性別	中学生	高校生[※1]	大学生・一般
一刀の場合	長さ	男女共通	114cm以下	117cm以下	120cm以下
	重さ	男性	440g以上	480g以上	510g以上
		女性	400g以上	420g以上	440g以上
	太さ	男性	25mm以上	26mm以上	26mm以上
		女性	24mm以上	25mm以上	25mm以上

※1）相当年齢者も含む

		性別	大学生・一般	
			大刀	小刀
二刀の場合	長さ	男女共通	114cm以下	62cm以下
	重さ	男性	440g以上	280〜300g
		女性	400g以上	250〜280g
	太さ	男性	25mm以上	24mm以上
		女性	24mm以上	24mm以上

に執り行われる。剣道は相手を打つ突くなどして、相手を攻撃する対人的格闘技であることから、常に相手の人格を尊重し、互いに身体を鍛え、技を練磨し、心を養うためのよき協力者として、内には心から尊敬と感謝の念をもちつつ、外には端正な姿勢をもって礼儀正しくすることは、互いにより良い剣道を築き上げていくうえで大切なことであり、ひいては好ましい社会的態度にもつながるものである。

　また、対人的格闘技であることから、ややもすると感情的になったり、過度に闘争本能が表れたりしてしまう場合がある。剣道を修練する中で、定められた礼儀作法を厳格に執り行うことにより、感情や闘争本能を人間として統御していくところに剣道における礼の意義がある。

　さらに「道場」は遊戯や娯楽の場ではなく、自己を練磨し修養に努める場である。したがって、「道場」「修行」といった清浄で無垢な空間に入って、威儀を正し、端正な姿勢で心を調え、所作や行動を正しく、自己の修練に用いる道具を丁寧に取り扱うなど、自らが身を律し、自らに行動規範としての「礼の形式」を厳しく課すことによって、自己の心身に拘束を加え、欲望を制御していこうとするところに礼の意義がある。

2）礼法（礼儀作法）

　礼は、対人関係や社会の秩序を円滑に維持し、自己の練磨と修養につながるものなので、遊戯や娯楽の気分を排除し、誠実かつ丁寧に執り行わなければならない。

　剣道の礼法には「座礼」と「立礼」があり、その中には座礼に関係して「正座」「座り方」「立ち方」があり、その手順や形式が定められている。

4. マナー

図2は代表的なマナー違反である。他に、竹刀をまたぐ、正座している人の前を横切る、立ったまま剣道具を着脱する、などがある。

5. 打突部位

剣道における打突部位を図3に示した。
① 面部（正面および左右面）：左右面はこめかみ部以上。
② 小手部（右小手および左小手）：中段の構えの右小手（左手前の左小手）および中段以外の構えや二刀の時の左小手または右小手。
③ 胴部（右胴および左胴）
④ 突部（突き垂）

① 竹刀を杖にする　② 服装を乱し、だらしなく座り、竹刀を投げ出している　③ 道場内でふざけ合っている　④ 道場で寝転んでいる

図2　剣道における代表的なマナー違反行為

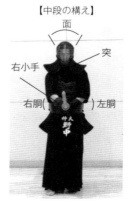

図3　剣道における打突部位

6. 剣道具

剣道具を図4に示した。

7. 基本動作
1) 打突技術の構造

構える→攻める→捉える→打突する→残心を示す

(1) 構える

心身のバランスを保ち気力を充実させる。力を抜いて自然体で構え、どのような動きにも対応できる体勢をつくる。

(2) 攻める

相手の構えを崩し、打つぞという気を示す。相手の中心をとって自分が打てる位置まで間合いを詰め、相手の動きを誘うように気迫で出る。

(3) 捉える

相手のどこに隙ができたのかを確かめ、反応を見て、どのように動くのかを予測する。観、見の目付けを活用し、どのタイミングで打つか決める。

(4) 打突する

気合いをかけ正しい足さばき、姿勢で思い切りよく打突部位を打つ。

(5) 残心を示す

速やかに心身を安定させ、気を鎮める。

※残心とは打突をした後に油断せず、相手のどんな攻撃にもただちに対応できるような「気構え」と「身構え」を示すことである。残心のない打突は、一本（有効打突）にならない。

【剣道具一式】

【面紐 横】

【面紐 後】

図4 剣道具一式

[竹刀の持ち方]　　　　　[足の位置]

図5　中段の構え

2）有効打突

剣道試合・審判規則では、有効打突とは「充実した気勢、適切な姿勢をもって、竹刀の打突部で打突部位を刃筋正しく打突し、残心あるものとする」と規定しており、一般的には「気剣体一致の打突」ともいわれている。

3）姿　勢

剣道の基本は"自然体"であり、どこにも力の偏らない自然に直立した姿勢である。しかも、必要に応じてはいつでも、どのようにも変化、対応できる動を秘めた静の姿勢である。

4）構　え

（1）中段の構え（図5）

最も多く行われている構えである、攻撃にも防御にも適した変化に応じられる基本的な構えである。水の構えともいう。

（2）上段の構え

攻撃主体の構えであり、防御には適していない。強い気の攻めがなくてはこの構えは相手として効果がない。火の構えともいう。

（3）下段の構え

相手の足元を攻めながら、一方で自分を守るとともに相手の動きに応じてただちに攻撃に移る構えである。地の構えともいう。

（4）八相の構え

相手をよく見て相手の型に応じて攻撃に移る構えである。木の構えともいう。

（5）脇構え

自分の竹刀を相手に見せずに、相手の動きに合わせて攻撃に移る構えである。金の構えともいう。

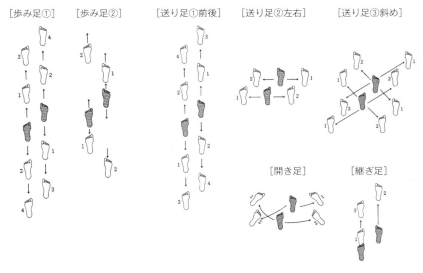

図6 足さばき

5) 構え方と納め方
構え方、納め方は「立ち合い」といわれ剣道の伝統的な礼儀作法である。

6) 足さばき（図6）
(1) 歩み足
前後に遠い距離を移動する場合や、遠い間合いから打突する足さばきである。平常の歩行のように右足、左足を交互に前進したり、後退する足さばきである。
(2) 送り足
あらゆる方向に一、二歩の距離を素早く移動する場合や、一足一刀の間合いから打突する場合の足さばきである。剣道では最も多く用いられる大切な足さばきである。
(3) 開き足
体をかわしながら相手を打突したり防いだりする場合の足さばきで、近い間合いからの打突の技を出す場合に用いられることが多い。右に開く場合は右足を右斜め前に出し、左足を右足に引きつけて相手の方向に向ける。左に開く場合は右足を右斜め前に出し、左足を後方に引きつけて相手と正対する。
(4) 継ぎ足
主として、遠い間合いから打突をする場合に用いられる足さばきである。左足（後足）が右足（前足）を越えないように引きつけ、ただちに右足から大きく踏み出す。最初から最後までひと息に行う。

【一足一刀の間合い】

【遠い間合い】 【近い間合い】

図7 間合い

【留意点】
・構えを崩さないように腰から、できるだけ床に水平に移動する。
・上体や竹刀を揺り動かさないように、首筋を立てて体をゆったりとさせ、正しい姿勢で行う。
・送り込む方の足（後ろ足）の引きつけが遅かったり、残らないように素早く行う。
・どの方向に移動するにしても、後ろ足の踵が床につかないようにする。特に後退の時に気をつける。

7）素振り

素振りとは木刀や竹刀を「上下」「斜め」に振る動作であり、剣道の技術を習得するうえで欠かすことのできない重要なものである。
①竹刀の操作や竹刀の正しい動きの方向（太刀筋）を習得する。
②打突に必要な手の内を習得する。
③足さばき（体さばき）と関連させて打突の基礎を習得する。

8）間合い（図7）

(1) 一足一刀の間合い

剣道の基本的な間合で、一歩踏み込めば相手を打突できる距離であり、一歩下がれば相

- 53 -

手の攻撃をかわすことのできる最も大切な間合いである。

(2) 遠い間合い（遠間）

一足一刀の間合いよりも遠い間合いで、相手が打ち込んでも届かない代わりに、自分の攻撃も届かない距離である。

(3) 近い間合い（近間）

一足一刀の間合いよりも近い間合いで、相手が打ちやすく届く代わりに相手の攻撃も届く距離である。

9) 打突の機会

出ばな（出頭ともいう）、技のつきたところ、退くところ、居ついたところ、受け止めたところ、構えが崩れたところ、姿勢が崩れたところ

※打突の機会は一瞬のうちに現れ、一瞬のうちに逃げ去るものであるから、一度その機会をとらえた時は間髪を入れず、勇敢に、思い切って、しかも敏捷に打突すべきである。

10) 基本的動作

正しい打突動作の基本を身につけるため、対人的に自分の間合い（距離と位置）、打突の方向（刃筋）、手の内（竹刀の操作）、打突の機会（心・身の隙）などを知り、気力を充実させて構え、相手を攻め、好機があれば気合を込めて思い切りよく、一拍子で打つ。また、剣道には掛かり手（打つ方）と基立ち（受ける方）の関係があり、それを理解することが大切である。

・ 面打ち（正面、左右面）
・ 小手打ち
・ 胴打ち
・ 突き

8. 応用動作（対人的技能）

1) しかけ技

①一本打ちの技：面・小手・胴・突き
②連続技：小手→面、小手→胴、面、面→小手、面→胴、突き→小手、突き→面
③払い技：払い面（表・裏）、払い落し面、払い小手、払い胴、払い突き（表・裏）
④引き技：引き面、引き小手、引き胴
⑤出ばな技：出ばな面、出ばな小手、出ばな突き

2) 応じ技

①抜き技：抜き面、抜き小手、抜き右胴、小手抜き面、小手抜き小手
②すり上げ技：面すり上げ面（表・裏）、面すり上げ小手、面すり上げ胴（左・右）、小手すり上げ面、小手すり上げ小手、突きすり上げ面（表・裏）

③返し技：面返し面（左・右）、面返し胴（左・右）、小手返し面、小手返し小手
④打ち落し技：面打ち落し面、胴打ち落し面、小手打ち落し面、小手打ち落し小手

9. 稽古法
1）稽古の意義

　剣道を含めた日本古来の武道や芸道では、練習やトレーニングのことを「稽古」と呼ぶことが多い。稽古とは「古を稽える（いにしえをかんがえる）」という字義の通り「古いことを学習すること、古いことを習い達する」という意味をもっている。これは先人の教えについて工夫、研究するということであり「考える」という意味が多分に含まれている。
　「剣道の稽古」は単に技術の上達を図ったり、身体を丈夫にすることばかりでなく、「すべての道に通ずる真理と探究と、人としてのあり方を考える」という目的を達成する意味をもっている。稽古の種類には次のようなものがある。
　①基本稽古、②互角稽古、③引き立て稽古、④見取り稽古、⑤試合稽古

10. 試　合
1）試合場
　図8に寸法を示す。

2）試合の種別および方法
(1) 個人の試合
①試合は3本勝負を原則とする。ただし、運営上必要な場合は1本勝負とすることができる。
②勝敗は、試合時間に2本先取した者を勝ちとする。ただし、一方が1本をとり、そのまま試合時間が終了した時は、この者を勝ちとする。
③試合時間内に勝敗が決定しない場合は、延長戦を行い、先に1本をとった者を勝ちとする。ただし、判定または抽選により勝敗を決める、あるいは引き分けとすることもできる。

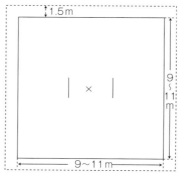

図8　試合場の寸法

④判定または抽選により勝敗を決定した場合は、その勝者に対して1本を与える。

⑤判定により勝敗を決する場合は、技能の優劣を優先し、次いで試合態度の良否により判定する。

(2) 団体の試合

①勝者数法は、勝者の数によって団体の勝敗を決する。ただし、勝者が同数の場合は、総本数が多い方を勝ちとする。なお、総本数が同数の場合は、代表者戦によって勝敗を決する。

②勝抜き法は、勝者が続けて試合を行い団体の勝敗を決する。

(3) 試合時間と試合の開始・終了・中止・再開・中止要請

①試合時間は、5分を基準とし、延長の場合は3分を基準とする。ただし、主審が有効打突または試合の中止を宣告した時、再開までに要した時間は、試合時間に含まれない。

②試合の開始および終了は、主審の宣告で行う。

③試合の中止は、審判員の宣告で行い、再開は、主審の申告で行う。

④試合者は、事故などのために試合を継続することができなくなった時は、試合の中止を要請することができる。

3) 反則例・禁止行為

①試合中に場外に出る。

②暴力的な行為：相手に手をかけまたは抱きこむ。相手の肩に故意に竹刀をかける。

③竹刀に関する行為：自分の竹刀を落とす、相手の竹刀を握る、または自分の竹刀の刃部を握る。

④公正を害する行為：倒れた時、相手の攻撃に対応することなく、うつ伏せになる。不当な鍔競合いおよび打突をする。不当な中止要請をする。

　その他、故意に時間を空費する、禁止物質を使用もしくは所持し、または禁止方法を実施する、審判員または相手に対し非礼な言動をする、定められた以外の用具を使用するなどが禁止事項である。

※禁止方法とは、世界ドーピング防止機構（WADA）の最新の禁止表に掲載されているものをいう。

11．剣道用語

1) 目付け

　相手を見ることであり「観・見の目付け」といって、相手の動きや内に秘めているものを予測する見かた（観の目）と相手の姿や実際の動きを見る（見の目）の両方を生かして相手を読むことが大切である。

2) 間合い

　相手と自分の距離や位置の関係をいう。剣道の技術は、間合いの駆け引きと深い関連が

ある。

3）気位

剣道の真の目的は、厳しい稽古に耐えながら、日々修練を積み重ね、物事に動じない心や、物事にも負けない強い気力、事柄を正しく判断する能力などを備え、誰から見ても立派な人格や剣風が内面から滲み出る、自然な心の豊かさをもつことである。正しい剣道修業は気位を養うことでもある。

4）懸体一致

防御一致、攻撃は最大の防御などと同じ意味の言葉で、相手を攻撃する（懸る）動作の中にも、防御する（待つ）ことのできる動作や気持ちをもつことが大切であり、技を使う時は双方を一体的に働かせるようにしなければならない。

5）先

剣道では「機先を制する」ということが重視されている。相手の動きを事前に見抜いてそれに対応して動作するよう、常に気持ちを相手より先に働かせることが必要である。相手が動き出す前にそれに対応することを"先の先"、相手が動こうとする出鼻に対応することを"対の先"、相手が先をかけてきた時にこれに対応することを"後の先"といい、いずれも「先」の気を大切にしなければならない。

6）四戒

驚き、懼れ（おそれ）、疑い、惑う（まどう）などの、誰にでもある一種の心の迷いのことで、このうち1つでも心に起こると気持ちが乱れ、感情が高ぶり、自分を見失って思わぬ不覚をとることがある。特に試合や稽古にはこの「四戒」を捨て、努めて冷静に、思い切りよく、捨身になって技を出すように努力することである。

7）三殺法

相手の竹刀を殺し、技を殺し、気を殺すということである。竹刀を殺すとは、相手の竹刀を左右に押え、あるいは巻いたり、払うなどして、剣先を殺し、相手が打突する機会を失わせること。技を殺すとは、絶えず相手の先をとって鋭く攻めたて、相手に技を出す余裕を与えないようにすること。気を殺すとは、絶えず気力を全身にみなぎらせて、先の気分をもって立ち向かい、相手が打って出ようとする起こり頭を押さえて相手の気力をくじくことである。

【文　献】

全日本剣道連盟：剣道指導要領.
全日本剣道連盟：剣道試合・審判規則 細則.

六−2. バスケットボール

1. バスケットボールの歴史

　バスケットボールは、1891年にアメリカのYMCAトレーニングスクールの体育教師J.ネイスミスが、冬季に室内で行えるスポーツとして考案したのがはじまりである。考案当初は、現在のようなリングにネットがついているゴールではなく、桃の収穫用の籠が壁に着けられていた。高さは現在と同じ10フィート（3.05m）であった。

　わが国へは、1908年に同校を卒業した大森兵蔵が東京YMCAではじめて紹介をし、1913年に来日したF.H. ブラウンらが各地のYMCAで指導しはじめ普及した。現在、国際バスケットボール連盟（FIBA）には、210以上の加盟国があり、オリンピック、世界選手権などの多くの大会が世界各地域で行われ発展を遂げている。日本国内の競技人口も非常に多く、プロのリーグも存在している。

2. ゲームの定義
1）バスケットボールのゲーム

　バスケットボールは、それぞれ5人ずつのプレイヤーからなる2チームによってプレーされる。それぞれのチームの目的は、「相手チームのバスケットに得点すること」および「相手チームのボールをコントロールすることや得点することを妨げること」である。

　ゲームは、審判、テーブル・オフィシャルズおよびコミッショナーによって進行される。

2）相手チームのバスケット／自チームのバスケット

　1チームが攻撃するバスケットを「相手チームのバスケット」といい、防御するバスケットを「自チームのバスケット」という。

3）ゲームの勝敗

　ゲームの勝敗は、競技時間が終了した時点で得点の多いチームを勝ちとする。

3. ルール
1）ゲームの時間

　ゲームは10分のピリオドを4回行う。第1ピリオドと第2ピリオドの間、第3ピリオドと第4ピリオドの間にそれぞれ2分のインターバル（休憩）をおく。そして、第2ピリオドと第3ピリオドの間に10分のハーフタイムをおく（表1）。第4ピリオドが終わって両チーム同点ならば、5分の延長を必要な回数だけ行う。

表1　ゲームの時間

1ピリオド	休憩	2ピリオド	ハーフタイム	3ピリオド	休憩	4ピリオド
10分	2分	10分	10分	10分	2分	10分

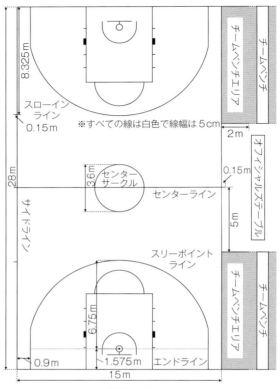

図1 コート

2) コート

(1) コート（図1）

コートは、障害物のない長方形の平面とする。大きさは、境界線の内側で測って、縦28m、横15mとする。

(2) バックコート

1チームのバックコートとは、自チームのバスケットの後ろのエンドラインからセンターラインの遠い方の縁までのコートの部分をいい、自チームのバスケットとそのバックボードの裏以外の部分を含む。

(3) フロントコート

1チームのフロントコートとは、相手チームのバスケットの後ろのエンドラインからセンターラインの近い方の縁までのコートの部分をいい、相手チームのバスケットとそのバックボードの裏以外の部分を含む。

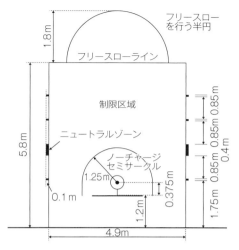

図2 フリースローライン

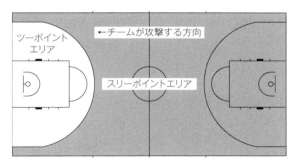

図3 ツーポイント/スリーポイントフィールドゴールエリア

(4) フリースローライン、制限区域(図2)

フリースローラインは、エンドラインと平行で、エンドラインの内側からフリースローラインの遠い方の縁までの距離は5.8mとし、ラインの長さは3.6mとする。フリースローラインの中央は両エンドラインの中央を結ぶ線上にあるものとする。

(5) ツーポイント/スリーポイントフィールドゴールエリア(図3)

スリーポイントエリア内での得点は2点、スリーポイントエリアからの得点を3点とする。ただし、フリースローは1ゴール1点とする。スリーポイントラインはスリーポイントエリアには含まれない。

【プッシング】
手や体で相手を押す

【ホールディング】
つかんだり、押さえる

【ハンドチェッキング】
手で触れ続けて防御する

【イリーガルユースオブハンズ】
手で相手をたたく

【ブロッキング】
相手の進行を体で不当に妨げる

【チャージング】
ボールのコントロールにかかわらず、無理に進行して突き当たる

図4　ファウル

3）ファウル（図4）

(1) パーソナルファウル

ファウルとは定められたルールに違反することをいうが、その中でもコート上のプレイヤー同士の接触によるものをパーソナルファウルという。これに対し、審判への暴言やベンチにいるコーチ／プレイヤーなどによる違反行為などは、テクニカルファウルという。

パーソナルファウルはプレーに関するもので、「押す」「蹴る」「叩く」「押さえる」などの行為で、相手プレイヤーの動きを妨げた場合に課せられる。

(2) パーソナルファウルに対する罰則

パーソナルファウルに対する罰則は2種類ある。

シュート動作中の相手プレイヤーに対するパーソナルファウルに対しては、そのプレイヤーに対してフリースローが与えられる。ファウルを受けながらもシュートを放ち、ゴールが決まった場合は、そのゴールは得点として加算し、なおかつ1本のフリースローが与えられる。シュートが外れた場合は2本のフリースローが与えられる。

3ポイントエリアからのシュートに対するものであれば、決まれば3点＋1本のフリースロー、決まらなければ3本のフリースローが与えられる。

シュート動作中以外に起きた場合は、そのパーソナルファウルの起きた場所から最も近いサイドもしくはエンドラインの外から、スローインをしてゲームを再開する。

【プッシング】

「押す」行為に対して課せられるパーソナルファウル。手を使って相手を押すのはもち

ろんのこと、守っている際に相手のプレイヤーを体（腹や肩など）で押す行為なども含まれる。

【ホールディング】

「つかむ」行為に対して課せられるパーソナルファウル。腕などをつかんで相手プレイヤーの動きを妨げたり、後ろから相手を抱きかかえるようにしてしまった場合（執拗にボールチェックにいった際など）に課せられる。

【チャージング】

攻めている側のプレイヤーが、ボールをもっているかどうかにかかわらず、相手のプレイヤーに対して体を当てたり、手で押したりするプレーのことをいう。

たとえば、自身の進みたい方向に相手プレイヤーがいるにもかかわらず、そのまま突き進んでいって相手を押したり、ぶつかったりすればチャージングとなる。しかし、もし自身の進みたい方向に相手が遅れて入ってきて衝突した場合は、相手プレイヤーにブロッキングのパーソナルファウルが課せられる。チャージングとブロッキングは表裏一体のプレーともいえる。

【ブロッキング】

相手プレイヤーがボールをもっているかどうかにかかわらず、体を使って相手プレイヤーの進行の邪魔をするファウルのことをいう。

しかし、相手プレイヤーが自身の守っている位置に走り込んできて衝突したりした場合には、相手プレイヤーにチャージングが課せられる。ブロッキングとチャージングは表裏一体のプレーともいえる。

【イリーガルユースオブハンズ】

手を使って相手プレイヤーをつかんだり、はたいたりして相手の動きを妨げる行為のことをいう。これらの手の扱いに関することを一括りにしていうが、程度が重くなると、それぞれホールディングやプッシングになる。

【ダブルファウル】

両チームのプレイヤーが、ほぼ同時にパーソナルファウルを犯した状態をいい、それぞれのプレイヤーにパーソナルファウルが課せられる。

【5ファウル】

1人のプレイヤーが、すべてのクォーターを通して5つのファウル（パーソナル／テクニカルの両方を含めて）を犯してはならない。5つめを犯した場合は、そのプレイヤーは退場し、他のベンチプレイヤーと交代しなければならない。

また、5ファウルでの退場後は、2度とゲームに出場することができない。

審判のジェスチャーは図5のとおりである。

『トラベリングについて』

2018年よりトラベリングにおけるルール改正があった。

従来までの2ステップルールから、「動きながらフロアに足がついた状態でボールをコ

【トラベリング】
両こぶしを回転させる

【ダブルドリブル】
両手でドリブルの真似

【パーソナルファウル】
片手を握って上げ、もう一方の手は手のひらを下に向けてプレイヤーの腰あたりをさす

【ホールディング】
ファウルの合図をしてから手首を握る

【プッシング】
ファウルの合図をしてから押す真似をする

【イリーガルユースオブハンズ】
ファウルの合図をしてから手首をたたく

【ブロッキング】
両手を腰に当てる

【クロックを止める時、クロックを動かし始めない時】
手を開き頭上に上げる

図5 ファウルの際の審判のジェスチャー

ントロールした場合、コントロールした後に2歩までステップを踏んでも良い（0歩目の適用）。その場合、ステップは2歩までの原則は変わらないため、0歩目→1歩目→2歩目とし、1歩目→2歩目→3歩目とカウントはしない」（0歩目適用の場合、1歩目がピボットフット）

4. パス

バスケットボールでは、ボールの位置を動かす手段として用いることができるプレーに「パス」と「ドリブル」の2つがある。

1）パスの種類
（1）チェストパス
両手でボールを挟み持ち、胸の前から両手を突き出すようにして放り投げるパス。バスケットボールで最も用いられるパスである。
（2）ショルダーパス
頭の横にボールを構え、胸を張った状態から肩を回し、野球のボール投げのように腕と手首の指先のスナップを使って投げる。

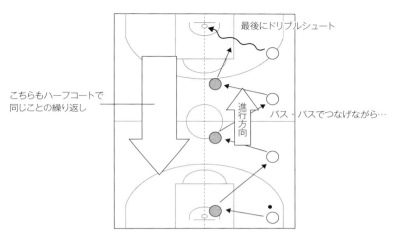

図6 パスの実践練習方法

(3) アンダーハンドパス

　肘を伸ばしたまま前方に前足を踏み出し、手首と指先でスナップする。

(4) オーバーヘッドパス

　ボールを頭の上に向けボールの後方を両脇からもち、腕の振りと手首のスナップでパスをする。

(5) バウンドパス

　コートにボールを1度バウンドさせるようにして投げるパスである。

2) パスの実践練習方法（図6）

　2メンランニングパス：コートを縦半分にして左右二手に別れる。反対側のゴール付近まで、交互にパスを行っていき最終的にはコート端側（サイドライン側）の選手がシュートして終わる。同じ練習を繰り返して再度、反対コートからも往復してくる。

5. シュート

1) シュートの技術（図7）

(1) ワンハンドシュート

　コートに両足を着けた状態、あるいはジャンプしながらボールをリリースするショット。ゲーム中はフリースローやスリーポイントショットなどの長距離からのショットに使われる。ボールを額の上にセットして、足首、膝、肩、腕の一連の動作で伸ばし、続いて手首のスナップと指を使い45°の角度にリリースする。

【ワンハンドシュート】　　　　　【ダブルハンドシュート】　　　【レイアップシュート】

図7　シュートの技術

(2) ダブルハンドシュート

　チェストパスと同様に両手でボールを挟み持ち、胸の前から両手を突き出すように放り上げるシュート。

(3) レイアップシュート

　ゴールに向かって走りながら行うため、ランニングショットともいう。空中でボールを受け、ワン・ツーのリズムで高くジャンプし、ボールを置いてくるような気持ちでショットする。

6. ディフェンス（防御）とオフェンス（攻撃）

1) ディフェンス

　バスケットボールは、大きく分けるとマンツーマンディフェンスとゾーンディフェンスの2つのディフェンス（防御）がある。

(1) マンツーマンディフェンス

　守る相手を決め、その人を中心に1対1の形で守る防御法。相手やボールがどこに動いても自分と相手との1対1の関係を保つ。相手の個性や身長に合わせてマークする相手を決める。

(2) ゾーンディフェンス

　チームとして守るべきエリアを決め、相手やボールがどこに動いてもできるだけディフェンス全員の基本的位置関係を崩さないで守る方法である。ボール保持者には必ずプレッシャーをかけ、常にボールを中心にしたヘルプ態勢がとれるように位置を移動する。ゴール周辺には長身者かジャンプ力の優れている人、ゴールから離れて守る人は動きの素早い人が望ましい。

　ゾーンディフェンスの型には、選手の並び方によって図8のような2-1-2、2-3、3-2などがある。

2) オフェンス

　攻撃方法は多彩に存在する。1対1の個人技を使用する攻撃法もあるが、コンビネーショ

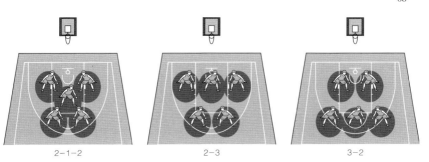

2-1-2　　　　　　　　　　2-3　　　　　　　　　　3-2

図8　ゾーンディフェンスの型

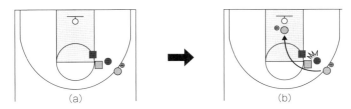

図9　インサイドスクリーン

(a) ボールをもっているプレイヤーに、オフェンスプレイヤーが意図的にスクリーン（壁）をしかけにいくプレーである。セットプレーでも多く使われる。(b) のようにインサイド（内側）にいるスクリナーが、壁をつくり味方をゴールに向かわせる。

ンプレーである「スクリーンプレー」が多く利用されている。

　スクリーンプレーとは、攻撃している側の選手が味方をマークしている相手チームの選手の前を壁のように遮断して、味方選手のゴールなどを助ける組織的なプレー。
①インサイドスクリーン（図9）
②アウトサイドスクリーン

　アウトサイドスクリーンとは、ユーザーがスクリナーの外側（バスケットの反対側）を擦れ合うように動くことによって生じるスクリーンプレーである。

【文　献】

鈴田常祐：実戦・バスケットボール．金園社，1998．
大修館書店：最新スポーツルール百科2012．大修館書店．2012．
日本バスケットボール協会：2018バスケットボール競技規則．

六-3. バレーボール、ソフトバレーボール

1. バレーボールの歴史

　バレーボールは、1895年にアメリカのYMCA（キリスト教の社会奉仕団体）のWilliam G. Morgan氏の考案により誕生した。

　その誕生は、当時アメリカの屋内スポーツとしてバスケットボールが大流行していたが、①運動量が多いことから高齢者や女性には難しい、②体の接触によって怪我をしやすい、という観点からテニスのVolley（ボレー）からヒントを得て、室内スポーツとして運動量を控え、体の接触をなくし、さらに老若男女を問わないスポーツとして考案したのが背景である。バレーボールが本格的に国際化されたのは、1947年にフランス人のPaul Libaud氏を中心に国際バレーボール連盟（仏語：Fédération Internationale de Volleyball：FIVB）がパリに設立されたことからである。日本では1910年頃にはじめて入ってきてから老若男女問わず楽しめるスポーツとして非常に人気のあるスポーツとなった。その後、日本がFIVBとともに、バレーボールをオリンピックの正式種目にするように国際オリンピック委員会に働きかけたことにより、1964年の東京オリンピックでは、6人制バレーボールが正式種目として認められるようになった。その東京オリンピックでは、日本の女子チームが優勝し「東洋の魔女」といわれ世界中から注目された。また、1972年のミュンヘンオリンピックでは男子チームが優勝し、世界で日本のバレーボールが最も輝いたのが1960〜1970年代である。

2. バレーボールの施設と用具

1）コート（図1）

　バレーボールは18m×9mのコートで構成されている。コート以外にも、エンドライン、サイドラインの外に3m以上のスペース（フリーゾーン）が必要なので、全体的に最低で24m×15m以上のスペースが必要になる。また、コートから天井までの高さは7m以上が必要となっている。

2）ネット（図2）

　ネットは、センターライン上に垂直に設置されている。ネットの高さは、一般男子で2m43cm、一般女子で2m24cmであるが、日本独自のルールとして年代などにより、高さが異なっている。また、上部テープの幅は5cmであるが、FIVBが開催する国際大会では、7cmである。

3）ボール（写真1）

　ボールは、均一で明るい色か、複数色の組み合わせであること。高校生以上では、号数：5号、周囲径：65〜67cm、重さ262〜280gである。

— 67 —

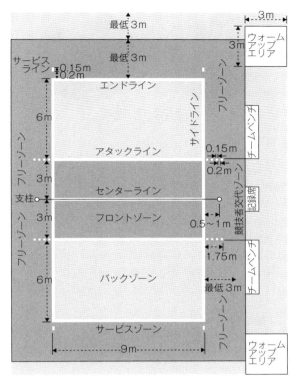

図1　バレーボールのコート

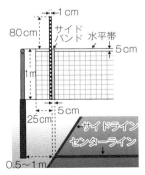

年代別のネットの高さ			
種　別		高　さ	
男子	一　般	2m43cm	
	高校生	2m40cm（地方大会）	
		2m43cm（公式大会）	
	中学生	2m30cm	
	小学生	2m	
種　別		高　さ	
女子	一　般	2m24cm	
	高校生	2m20cm	
	中学生	2m15cm	
	小学生	2m	

図2　バレーボールのネット

写真 1　ボール

3. バレーボールの特徴と種類

　バレーボールは、2つのチームにより行われ、コートにボールを落とすことなく、主に手や腕を使用し3回以内で相手のコートに返球し合うのが競技の特徴である。バレーボール競技は主に4つの種類があり、以下のように分類することができる。

① 1チーム6人でプレーをする6人制バレーボール。
② 1チーム9人でプレーをする9人制バレーボール。
③ 柔らかいボールを使用し、1チーム4人でプレーをするソフトバレーボール。
④ コートが砂の上に設けられ、1チーム2人でプレーするビーチバレーボール。

　ここでは大学スポーツにおける健康科学および生涯スポーツの観点から、主に6人制バレーボール（以下、バレーボール）とソフトバレーボールについて記述する。

4. バレーボールの基本的なルール

　バレーボールは、1チーム6人がそれぞれのコートに入り、両チームがネットを挟んでボールを打ち合うスポーツである。競技者は、1チーム最大限12人でそのうち1人はリベロでもよい。国内の主な大会および国際試合は1セット25点の5セットマッチ（最終第5セットめは15点）のラリーポイント制であり、最小限2点差をつけて25点を先取したチームが勝利となる。24対24の同点の場合（デュース）、相手チームより2点リードするまでゲームは継続される。ゲームはサーブから開始され、全身のどこかを使い（基本的には手）3回以内の打数で相手のコートにネット越しにボールを返さなければならない。

5. バレーボールの基本プレー
1）サーブ（サービス）

　ゲームの最初にサービスゾーン内から相手のコートに打ち込むプレーをいう。サーブは、ボールがネットに触れたとしても、相手のコートに入れば成功と認められる。サーブの種類は約8種類あるが、ここでは初心者向けのアンダーハンドサーブと最も多用されているフローターサーブおよびジャンピングサーブについて記述する。

① アンダーハンドサーブ：主に初心者向けのサーブで腕を下から振り上げながら打つ。
② フローターサーブ：体の正面に向かって押し出すように打つサーブで、ボールに回転がかかりにくいことで変化する変化球サーブ。

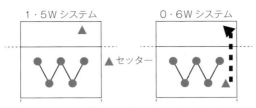

図3　サーブレシーブのフォーメーション

③ジャンピングサーブ（アタックサーブ）：ジャンプをしながら打つ攻撃的なサーブ。

(1) サーブの留意点

まず、相手コートに入れることが最低条件である以上、体がネット方向に向いたまま打てるアンダーハンドおよびフローターサーブを身につけたい。打つ時の手の平の形状は、一般的に平手である。これも安全性を重視するためである。

(2) サーブの主な反則

・エンドライン後方のサービスゾーン外およびエンドラインを踏んで（越して）打った場合。
・ボールがアンテナ外を通過および接触、天井などに当たった場合。
・主審のサーブ許可後、8秒以内に打たなかった場合。
・一度トスしたボールは、必ず打たなければならない。床に落としたり、手でつかんだ場合は反則となる。

2）サーブレシーブ

守備のチームが最初に行うプレーがサーブレシーブである。これは、サーブとともにゲームの勝敗を左右する重要なプレーである。

(1) サーブレシーブの留意点

サーブレシーブの成否は、そのシフトによるところが大きい。現在行われているシフトには大きく図3の2種類がある。

(2) サーブレシーブの主な反則

サーブが打たれる前に、6人の前後左右の位置関係を崩した場合、またプレイヤーの足がラインを越えてコート外に出ている場合は、アウトオブポジションの反則となる。

(3) サーブレシーブのフォーメーション（図3）

1・5Wシステムは、フォワードプレイヤー1名がセッターとしてネットにセットアップの準備をすることができる。フォワードが2名になるため攻撃人数を最大限に活かしづらい。0・6Wシステムは、バックプレイヤーの1名がセッターとしてセットアップに上がるため、フォワード3名が攻撃に参加できる攻撃型のフォーメーションである。

3) トス（パス）

　サーブレシーブされたボールは、次にアタッカーにトスされる。トスは打ちやすいことが第一条件である。トスは主にアンダーハンドトスとオーバーハンドトスがある。アンダーハンドトスは、腰より下にくる低いボールのパスや勢いのあるサーブやスパイクを返球する際に使う。オーバーハンドトスは、最も確実にボールをパスすることができるものであるため、出来る限りオーバーハンドで返球することが望ましい。

（1）留意点

　コート後方からくるボールをネット付近に上げなければならないため、90°方向変換して前後にパスできる技術の取得が不可欠である。

（2）主な反則

・ ドリブル、ホールディングなど、ハンドリングにミスがあった場合。
・ タッチネット、オーバーネット、パッシング（センターラインの踏み越し）。

4) スパイク

　スパイクは、バレーボールにおいて最も華やかなプレーである。その技術の種類もさまざまで、速さ、高さ、コース、角度など、その選択技は数限りない。

（1）留意点

　スパイクで大事なことは、まず助走を十分にとることである。腕のバックスイングを大きくしてジャンプと同時に両腕を頭上に高く上げる。利き腕は後方高く引き、一方の腕はボールとの距離を測るイメージで残す。ミートの瞬間は、全身を締める。また、スパイク時には、同時に相手のブロックにシャットアウトされることを想定しなければならない。

（2）主な反則

・ タッチネット、オーバーネット、パッシング、マーカー外通過および接触など。
・ バックアタックのジャンプの際に、足がアタックラインに接触、または踏み越した場合。

5) ブロック

　ブロックは、相手のプレイヤーのアタックに合わせて両腕を上げてジャンプをして壁になり、アタックのボールが自分のコートに打ち込まれないように防ぐプレーである。

（1）留意点

　相手のセッターがどこにトスを上げるかを予測する能力が必要不可欠であり、次に相手スパイカーの打球の方向、タイミングを読む能力が必要となる。

（2）主な反則

　タッチネット、オーバーネット、パッシングなど。

6) ローテーション

　サーブ権を取得した時、6つのポジションを時計周りに1つずつ移動することをローテーションという。サーブを行う瞬間にプレイヤーがこのコートポジションに規定された位置

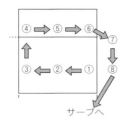

図4 ローテーション

にいないと反則となる。

　ローテーションの工夫として、各チーム6人以上いる場合は、本来であればポジション2のプレイヤーがサーブを行うが、コートの外で待機しているリザーバーと交替して、実質7人や8人でローテーションするシステムを使用してもよい（**図4**）。

6. ソフトバレーボールの誕生

　ソフトバレーボールは、生涯スポーツが単に理念の時代から実践・定着の時代へと進展した時代の1987年12月に生まれた。

7. ソフトバレーボールのルール

　基本的なルールは、バレーボールと同様であるが、1チーム4人（交代選手4人）で行う競技である。1セット15点の3セットマッチのラリーポイント制であり、2セットを先取したチームが勝利となるが、両チームの得点が14対14となった時（デュース）は2点差がつくまで行う。ただし、17点で打ち切られ、17対16の1点差でも17点を先取したチームが勝利となる。セットごとにチェンジコートをするが、1対1の後の第3セットはあらためてサービス権かコートを選ぶトスをし直し、どちらかが8点を先に先取したらコートを交替する。

8. ソフトバレーボールの施設と用具

1）コート（図5）

　基本的にコートは、バドミントンのダブルス用コートにセンターラインとサービスラインを引いて利用する。また、コートの外側2mのフリーゾーンとコートから高さ7m以上が必要となっている。

2）ネット

　ネットは、日本バレーボール協会（JVA）制定のソフトバレーボール用ネットを使用する。ネットの高さは2mとし、支柱はソフトバレーボール用支柱か、バドミントン用支柱に補助器具を使ってもよい。

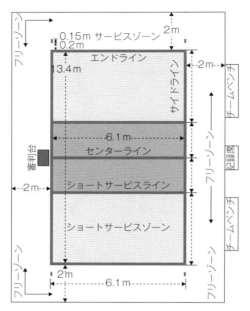

図5 ソフトバレーボールのコート

写真2 ソフトバレーボールのボール

3) ボール (写真2)

ボールは、JVA制定のソフトバレーボール (ゴム製) を使用する。色やデザインは自由だが、1つのコートでは同じボールを使用する。また、空気圧の規定はないが、周囲径が 78 ± 1 cm、重さ 210 ± 10 g と決められている。

【文 献】

神奈川大学健康経営研究会：健康科学．江森印刷所，2007．
森田淳悟：わかりやすいバレーボールのルール．成美堂出版，2011．
東海大学一般体育研究室：健康・フィットネスと生涯スポーツ．大修館書店，2013．
日本バレーボール協会：最新ソフトバレー・ハンドブック．大修館書店，2006．

六-4. サッカー、フットサル、タッチラグビー

【サッカー】

1. サッカーの歴史

　サッカーとラグビーの母体となったのは「フットボール」と呼ばれた遊戯で、19 世紀イングランドの各地にあるパブリックスクール等でも行われていた。18 世紀後半～19 世紀初め、その遊戯は壁面が石で造られた廊下でのボールの奪い合いや、50～100 人位の両チームのプレーヤーがグラウンドに投げ込まれたボールを奪い合う形で行われていた。それらのゲームは特に整備されたルールはなく、蹴り合いや殴り合いなどのかなり乱暴なものであった。

　フットボールの起源は諸説あるが、中性ヨーロッパのそれがモッブ（暴民）・フットボールとも呼ばれ粗暴であったことに起因する。都市の全域を競技場にして、ときに数百人におよぶ住民が 2 つのチームに分かれ、1 個のボールを奪い合いながら、道路や農地、森や林を駆け回り、時には家のなかを駆け抜けるもので、ルールは「定められたゴール（家や教会）にボールを運んでいく」だけであった。

　その後、学校によってフィールドの広さもルールも様々だったことから、対抗試合の度にルールを決めなければならず、いつも問題になっていた。そこで 1848 年にケンブリッジ大学に集まりフットボールの統一ルールを策定した。しかしその後もルールを巡って論争などが起きたため、1863 年学校やクラブの代表者が集まり共通したルールを決めると共に、ラグビーユニオンと分離しつつ、フットボール（サッカー）協会（Football Association）を設立した。

　こうしてルールが成文化されることによって、それまでの粗暴なゲームではなく人格形成、つまりは教育に役立つような「スポーツ」を目指すようになった。

　そして、サッカーはイギリス全土、ヨーロッパ各国に広がりはじめ、1920 年以降には植民地を通じてアフリカやアジアにもたらされていった。

　FIFA は 1904 年に設立され、1930 年には第 1 回ワールドカップがウルグアイで開催された。以後サッカーはさらに世界に広がっていくことになる。

2. サッカーの学び方

1）基本技術を習得する

　サッカーには、パス、ドリブル、シュート、コントロール、ヘディング、スライディング、そしてゴールキーピングなど、正しい技術の習得が必要である。そのためにはボールに触れる機会を多くし、技術を自然と身につけることが大切である。

2）状況判断能力を身につける

　サッカーは、環境状況が予測できない形で絶えず変化するというオープンスキル系の競技であり、プレイヤーは環境状況の変化を的確に予測、分析し、適切なプレーを瞬時に決

図1　有効な視野の確保

定するといった状況判断が要求される。的確な判断をするために必要なのが、「観る」ことである。観ることで、多くの判断材料を得、その中でもっともよい方法を予測しながら決断し、プレーに移すことが可能になる。

3）コミュニケーション

　コミュニケーションの方法として、声による指示、アイコンタクト、そしてボディランゲージやジェスチャーなど、さまざまな方法がある。プレイヤー同士が、よいコミュニケーションをとることによって、仲間を助け、意思疎通を図り、お互いよいイメージでプレーすることができる。

3．攻撃の戦術
個人戦術①ボールをもっている時
シュート：ゴールへの意識
ドリブル：積極的にしかける（スピードの変化、方向の変化）
　　　　　スクリーン＆ターン（次の突破をねらう、ボールを奪われない）
パ　ス：パスの優先順位（相手と味方の状況によって変わる：①相手の背後、②前方へのパス（できれば前を向かせる）、③ディフェンスから遠い足）
パスの質：「方向」「強さ」「タイミング」
　　　　　味方とのコミュニケーションを得るために「観る」ことが最重要

個人戦術②ボールをもっていない
　有効な視野の確保→観る（ボール、ゴール、味方、相手、スペース）→判断（いつ＝タイミング、どこに＝場所・方向、どのような＝技術の選択）
　動きの優先順位、効果的なかかわり、ボール保持者とのコミュニケーション
〈ゴールを奪うために必要なこと〉
　①有効な視野の確保（図1）
　判断のためのインフォメーションを得るために、有効な視野を確保する。
　有効な視野を確保するためには、身体の向きが大切である。

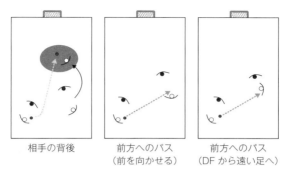

図2 攻撃（動き・パス）の優先順位

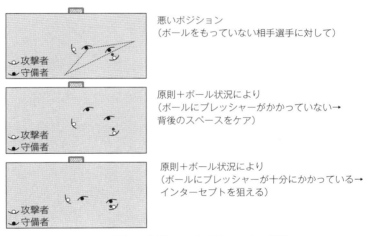

図3 正しいポジショニングとマークの原則

②攻撃（動き・パス）の優先順位（図2）

4. 守備の戦術

個人戦術①ボールをもった相手選手に対して

・ボールを奪う
・ボールとゴールを結んだライン上にポジションをとるのが基本
・プレッシャーをかける（主導権を握る、相手の自由を奪う）
・相手のフェイントにかからない
・ボールを奪うチャンスを逃がさない（間合い、構え、ステップワークなど）

①インターセプト	相手のボールを奪う ↓ 守備の目的を達成させる**最善の方法**
②コントロールした瞬間を狙う	守備の目的を達成させる次善の方法
③振り向かせない	ボールを奪えないが、相手の次のプレーを封じる方法
④ディレイ＆ジョッキー	相手の攻撃をスピードダウンさせる 相手の次のプレーを自由にさせない方法

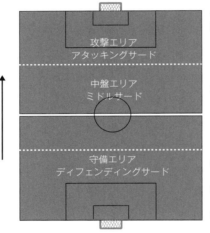

ゲームでプレーしている位置を理解することが必要

エリアに応じたプレーがある

ピッチの3エリア
①攻撃エリア→突破
（アタッキングサード）
②中盤エリア→確実
（ミドルサード）
③守備エリア
（ディフェンディングサード）

図4　守備でのチャレンジの優先順位

個人戦術②ボールをもっていない相手選手に対して
　正しいポジショニングとマークの原則（図3）
・相手とゴールを結んだライン上を意識
・相手とボールを同一視できる身体の向きを確保
・チャレンジが可能でかつ裏をとられない距離

個人戦術③ボールをもってない相手選手に対して
・守備でのチャレンジの優先順位（図4）

5. 競技に必要な施設・用具
1）競技のフィールド（図5）
大きさ：タッチラインの長さは、ゴールラインの長さより長くなければならない。

長さ（タッチライン）：90m〜120m

幅（ゴールライン）：45m〜90m

国際試合の大きさ：長さ100m〜110m、幅64〜75m

ワールドカップおよびオリンピック：長さ105m×68m

ゴール：ポスト（内側）の間隔は7.32mで、クロスバーの下端からグラウンドまでの距離は2.44mである（図6）。

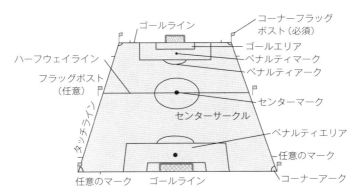

図5　競技のフィールド

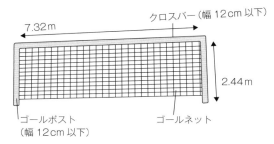

図6 ゴール

表1 サッカーボールの規格

	号数	周囲	重さ	内圧
中学生以上	5号	68～70cm	410～450g	0.6～1.1気圧
小学生以上	4号	63.5～66cm	350～390g	

2) サッカーボールの規格（表1）
・球形である
・皮革または他の適切な素材

6. ゲームの進め方とルール
1) チームの編成
①競技者の数は1チーム11名のプレイヤーで編成される。7人未満の場合、試合は開始されない。
②メンバーのうち1名をゴールキーパーとする。
③交代要員の数は、大会の主催者や競技者や競技するチームの合意によって7名おくことができ、試合中交代できるのは、原則として最大3名までとする。その他、大会規定により交代要員の数を決定する。

2) 試合時間
①試合時間は、両チームが合意した場合を除いて前半・後半45分間で、1試合90分で行われる。
②ハーフタイムのインターバルは15分以内である。
③試合時間中に空費された時間（ロスタイム）は、Ⅰ.競技者の交代、Ⅱ.競技者の負傷の程度、Ⅲ.負傷した競技者の治療のためのフィールドからの退出、Ⅳ.時間の浪費、Ⅴ.その他の理由、の場合、主審の裁量にて時間を追加する。

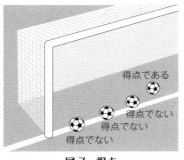
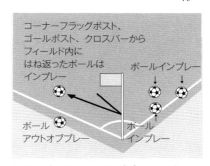

図7 得点　　**図8 ボールアウトオブプレーとボールインプレー**

3) 得点（図7）

ゴールポストの間とクロスバーの下でボールの全体がゴールラインを越えた時、その前にゴールにボールを入れたチームが競技規則の違反を犯していなければ、得点となる。

4) ボールアウトオブプレー（図8）

ボールが以下の状態の時、アウトオブプレーとなる。
- グラウンド上または空中にかかわらず、ボールがゴールラインまたはタッチラインを完全に越えた。
- 主審がプレーを停止した。

5) ボールインプレー（図8）

上記以外、ボールの状態が次の場合も含めて常にインプレーである。
- ボールがゴールポスト、クロスバー、コーナーフラッグポストから跳ね返ってフィールド内にある。
- ボールがフィールド内にいる主審または副審から跳ね返る。

7. オフサイド

1) オフサイドの位置

相手側のエンド内で、ボールよりも相手側ゴールに近い位置にいて、そのようなプレイヤーが少なくとも2人めおよび最後尾にいる2人の相手側プレイヤーより相手側ゴールラインに近い位置にいる時、「オフサイドポジション」にいることになる。

2) オフサイドの違反

「オフサイドポジション」にいるというだけでは違反ではなく、その位置にいて積極的に、プレーに干渉する、その位置にいることによって利益を得たと主審が判断した時に、オフ

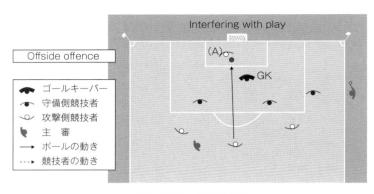

図9 プレーに干渉する

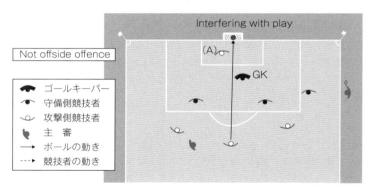

図10 プレーに干渉していない

サイドの違反となる。オフサイドポジションにいる競技者が、ゴールキック、スローイン、コーナーキックからボールを直接受けた時はオフサイドの反則にはならない。

(1) プレーに干渉する(オフサイド)(図9)

　オフサイドポジションにいた攻撃側競技者(A)は相手競技者に干渉しなかったが、ボールに触れた。副審は、競技者がボールに触れた時に旗をあげなければならない。

(2) プレーに干渉していない(オフサイドではない)(図10)

　オフサイドポジションにいた攻撃側競技者(A)は相手競技者に干渉することなく、またボールに触れなかった。競技者はボールに触れなかったので、罰せられることはない。

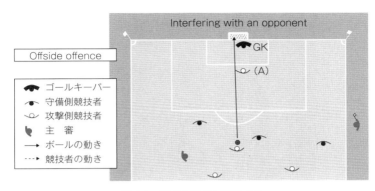

図11　相手競技者に干渉する

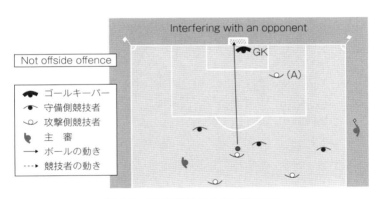

図12　相手競技者に干渉していない

(3) 相手競技者に干渉する（オフサイド）（図11）
　攻撃側競技者（A）がオフサイドポジションにいて、ゴールキーパの視線を遮った。競技者は、相手競技者のプレー、あるいはプレーする可能性を妨げたことで罰せられなければならない。

(4) 相手競技者に干渉していない（オフサイドではない）（図12）
　攻撃側競技者（A）がオフサイドポジションにいるが、ゴールキーパーの視線を遮ったり、ボールへ向かう相手競技者にチャレンジしていない。

(5) 利益を得る（オフサイド）（図13）
　味方競技者（A）によって最後に触れられた、また、プレーされたボールがゴールキー

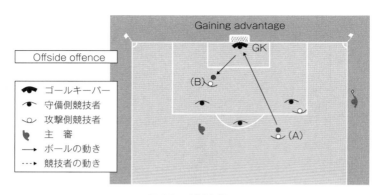

図13 利益を得る

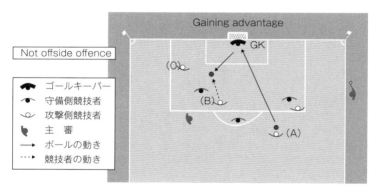

図14 利益を得ていない

パーの意図的なセーブによって、跳ね返った、方向が変わった、またはプレーされた。相手側競技者（B）はすでにオフサイドポジションにいて、そのボールをプレー、あるいは触れたので、罰せられる。

（6）利益を得ていない（オフサイドではない）（図14）

味方競技者（A）がシュートしたボールがゴールキーパーから跳ね返った。競技者（C）はオフサイドポジションにいたが、ボールに触れず、オフサイドポジションにいたことによって利益を得ていないので、罰せられない。

【フットサル】

1．フットボール（フットサル）の歴史

　サッカーが世界中の国々でプレーされているのと同じく、フットサルも世界中のさまざまな国で行われてきたが、大別するとフットサルが始まった説は2つのタイプに分けられる。1つは南米を中心に弾まないボールを使って発展した1930年にウルグアイで考案された「サロンフットボール」。もう1つは近代サッカーの発祥地イギリスからはじまって、ヨーロッパ、アメリカ、オーストラリアなどへ広まり、それぞれの地域で独自のルールをもって行われてきた「インドアサッカー」である。インドアサッカーは普通のサッカーボールや弾むボールを使って、アイスホッケーのように壁の跳ね返りを利用する競技である。ルールや名称も国々によってまちまちであった。

・スペイン⇒フットボール・サラ
・ドイツ⇒ハレン・フースバル
・イタリア⇒カルチェット
・オランダ⇒ザール

※ヨーロッパではザールのルールが元となりUEFAが（Union of European Football Associations：欧州サッカー連盟）インドアサッカーのルールを統一した。

　そして日本では「ミニサッカー」と呼ばれていた。フットサルが世界中に広まるのをみてFIFA（Fédération Internationale de Football Association：国際サッカー連盟）がルールの統一化を始め1989年には初の世界大会をオランダで開催した。その後競技名が1994年に「フットサル（FUTSAL）」と改められた。

2．フットサルの主なルール

1）競技者

　1チーム5名(1名はゴールキーパー)がプレーする。交代要員は7名以内。交代は、ゴールキーパーを含め競技中一度退いても自由に何度でもできるが、ピッチを出るプレイヤーが交代ゾーンから外に出てから入場しなければならない。

2）競技の進行

①競技時間は前・後半とも20分間で、ハーフタイムは15分以内とする。アウトオブプレー中は時計を止める（プレーイングタイム）。

②トスに勝ったチームが試合の前半に攻めるゴールを決める。トスに負けたチームのキックオフで前半の競技を開始する。後半はエンドを交代し、キックオフは前半と逆のチームが行う。

③シュートはピッチ内のどの位置からでもできる。両ゴールポストの間とクロスバーの下でボール全体がゴールラインを越えた時、得点となる。一方のチームが得点をあげた後、他方のチームがキックオフを行う。

④ボールがタッチラインから出たり天井に当たった場合、相手チームがライン上からキッ

クインしてプレーを再開する（相手チームは5m以上離れる）。

⑤ゴールキーパーは、味方ペナルティエリア内で手を使える。手で投げて相手ゴールに入っても得点にならない。

⑥攻撃側がボールをゴールラインから出すと、ゴールキーパーが手で投げるゴールクリアランスでプレー再開。守備側がボールをゴールラインから出すと、コーナーキックでプレー再開（相手チームは5m以上離れる）。

⑦前後半、各1分間のタイムアウトを要求できる。

⑧十分な空気圧（0.6〜0.9気圧）のローバウンド専用ボールを使い、ピッチ表面が滑らかな場所で行う。

3）プレーのルール

主要なルールはサッカーと同じだが、フットサルとして次の規定がある。

①4秒ルール：キックイン、フリーキック、壁なしのフリーキック、第2PK、コーナーキック、ゴールクリアランスは4秒以内に行う。また、インプレー中自陣でのゴールキーパーのボールコントロールは、4秒以内である。違反したら間接フリーキック（キックインの場合は相手チームのキックイン、コーナーキックは相手チームのゴールクリアランス）。

②退場：退場を命じられたプレイヤーは再び参加することはできない。ただし、2分間双方に得点がなかった場合、交代要員からプレイヤーを補充できる。2分経過しなくても人数の多いチームが得点した場合、少ないチームは補充できる。

③反則の累積：直接フリーキックの反則が前後半それぞれチーム累積で6つめより、第2ペナルティマークからの壁なしのフリーキックとなる。反則地点からでもよい。アドバンテージを適用しても反則は累積される。

④キックオフから直接得点することはできない。

⑤オフサイドがない。

3. フットサルのピッチサイズとポジション（図15, 16）

1）GK（ゴレイロ）

フットサルではGK（ゴールキーパー）のことを、男性はゴレイロ（goleiro）、女性はゴレイラ（goleira）と呼ぶ。

2）フィクソ（ベッキ）

全体を見回し、最後尾で守備を固めるポジション。フットサルは人数が少ないので攻撃にも参加。

3）アラ

サイドに位置する2人の選手。再度からの素早い上がりや、切り込みなどから得点につなげる。正確なボールキープとクイックな動きが必要。

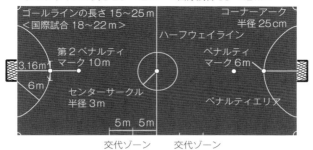

図15　フットサルのピッチサイズ

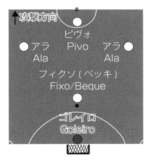

図16　ポジション

4) ピヴォ

最前線に位置し、常にシュートをねらう攻撃の要。マークが特に厳しくなるので、体を張ってプレッシャーに強いことや、ポストプレーも要求される。

4. フットサルの個人技術

1) キック

(1) インサイドキック

フットサルのプレー中に一番使われ、一番正確なキックである。上半身はリラックスした姿勢で、ボールをしっかりと見ながら踏み込む。自分がどこでボールを蹴るか、蹴るポイントを見極める。

軸足のつま先はボールの中心の真横におき、しっかりと踏み込む。蹴り足の足首は外側に開き、内側の面をボールと並行の状態にする。

膝から下をコンパクトに振る。ボールが当たってから、ボールが離れるまで、地面と平行に脚を動かす。蹴る瞬間も必ずボールを見る。蹴った後もつま先はしっかりと固定した

ままの状態を保つ。

(2) アウトサイドキック

アウトサイドキックは少ない足の動きで蹴ることができる。足の甲の外側の部分で蹴る。スルーパスなどの際には、相手に読まれずらい特徴。

しっかりボールを見る。足元に入り込みすぎると詰まって蹴りづらくなる。歩いている動作に近いので、インサイドキックに比べ習得しやすい。

足の付け根から全体を押し出してしまう傾向が強いが、膝から下を引き上げる。ボールを蹴る瞬間は、蹴り足の膝から下を素早く振り、足の甲の外側の部分で確実にボールの中心をとらえる。蹴った後は、フォロースルー（振り切る）が大切である。アウトサイドキックはそれほど強いボールを蹴ることができないが、使いどころはたくさんある。

(3) インステップキック

強いボールを蹴ることができるのがインステップキックである。ロングキックやパスなどによく使われる。インサイドキック同様に、上半身はリラックスした状態でボールをしっかりと見て、軸足をどの場面で踏み込むかを見極めることが大切である。軸足のつま先がボールの真横にくるように軸足を置き、蹴り足の膝下を大きく引き上げる。軸足がぶれないようにしっかりと踏み込む。蹴り足の膝下のスピードを上げ、膝からつま先までまっすぐ伸ばし、甲でボールの中心をしっかりとミートする。最後のフォロースルーまでしっかりと行う。

(4) トゥキック

トゥキックは、フットサルならではのボールの蹴り方である。ゴール付近などの密集した場所で威力を発揮するキックである。少ない足の振りで素早くボールを出せるのが特徴。ボールの蹴る場所をしっかり見極め、インステップキックと同様に膝から下を大きく引き上げ、軸足はボールからやや引いた位置に置く。軸足がぶれないように気をつける。つま先をしっかりと固定し、かかとを地面に擦るようなイメージとボールを擦るようなイメージでボールをこすり上げる。状態は少し後ろに反るかたちで、足を高く蹴り上げ、素早く、キックモーションを少なく膝から下はコンパクトに振る。蹴り足はしっかり固定したまま足の裏をみせるようにする。

(5) ループ

前方に相手がいる場合など、ひと山越えるパスを出したい時に使用する。浮き球とも呼ばれ、この蹴り方をマスターすることで、プレーの幅が広がる。自分がどこでボールを蹴るか、ポイントを見極める。軸足のつま先はボールの中心にくるように、しっかりと踏み込む。蹴り足は、それほど大きく振りかぶる必要はない。ボールの底に足を滑り込ませるような意識で、足の甲に乗せた状態をつくる。蹴り足の足首のスナップを利かせて、ボールをすくい上げて浮かせる。力の加減でボールは高く飛んだり、角度を変えることも可能である。

(6) ヒールキック

試合中には頻繁に使われるキックではないが、相手を欺くのに適したキックである。使

う場所によっては大変リスクの高いキックとなる。蹴り足は大きく振り上げるとボールを敵に奪われる可能性があるので、素早くコンパクトに振り上げボールの中心を蹴るようにする。蹴り足のフォロースルーの強さで、ボールの勢いを変えることもできる。

2）トラップ＆ストップ
（1）足の裏で止める
　一瞬のタイミングで勝負をするフットサルでは、足の裏をよく使う。ボールを止める場合も足の裏を使うとボール弾ませずに止められ、そのまま次のプレーにつなげられる。ボールをよく見て、つま先を立てて足の裏の半分で中心をとらえて止める。ボールを受ける際は体の力を抜きリラックスした状態でどんなボールにも対応できるように準備をする。ボールと自分の体が触れる瞬間までしっかりと見届け確実に足の裏でコントロールをする。つま先を立てて、足の裏半分で止めるように意識する。ボールの勢いを押さえ込み、吸収するイメージで止める。2タッチめですぐに次のプレーにつなげられるようにする。

（2）インサイドで止める
　回転がかかったボールなど、止めにくいボールもインサイドの広い面を使うとコントロールしやすくなる。ボールのくるタイミングで足を引いてボールの勢いを吸収し止める。足首を90°に固定し、足を引いてボールの勢いを吸収しながら止める。足を前に出して止めると、ボールを弾いて足元から離れてしまうので注意。次のプレーを事前にイメージして、スペースがあればドリブルにつながるように押し出すこともできる。

（3）足の甲で止める
　足の甲でボールを止める時には、インサイドでボールを止める時と同様に、ボールを受ける足の方を引きながらボールの勢いを吸収して止める。足首を伸ばし、足の甲を引きながらボールの勢いを吸収して止める。ボールの中心を確実に足の甲でとらえるために、ボールをよくみることが大切である。足首を伸ばしてしっかり固定し、足の甲でボールの勢いを抑え込み、吸収するイメージで止める。この時、足を引きながら止めるとよい。可能であれば、2タッチめですぐに次のプレーにつなげられるような止め方をする。

（4）胸で止める
　相手が周りにいない状況では、胸を突き出してボールを止める。素早く次のプレーにつなげたい場合には、胸でボールの勢いを吸収し落として止める。ボールの落下地点を予測して正面に入り、膝を軽く曲げてボールを待つ。胸を突き出すようにしてボールの中心をとらえ、ボールをしっかりと止める。

（5）ももで止める
　相手が周りにいない状況では、ももを上げてボールを止める。素早く次のプレーにつなげたい場合には、ももを引いて足元に落として止める。ももを上げてボールの中心をとらえ、ボールを浮かしてしっかりと止める。

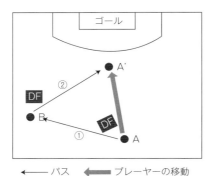

図17 ワンツーの基本プレー

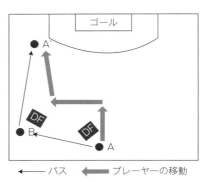

図18 パラレラの基本プレー

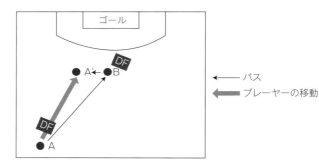

図19 ピヴォ当ての基本プレー

5. フットサルの応用技術

1) ワンツー（図17）

敵同士の間に鋭くパスを通し、背後に広がるスペースを突く。

2) パラレラ（図18）

平行に走り込む動きを取り入れて敵の背後に広がるスペースを突く。

3) ピヴォ当て（図19）

当てて落とすというオーソドックスなポストプレー。

6. サッカーとフットサルの比較

サッカーとフットサルの比較を表2に示した。

表2　サッカーとフットサルの比較

	フットサル	サッカー
ピッチサイズ	20m×40m	68m×105m
ピッチ表面	木、人工材質	芝
ゴールサイズ	2m×3m	2.44m×7.32m
ボール	4号球ローバウンド	5号球（U13以上）
競技者の用具	体育館用シューズ	スパイク
競技者数	5人	11人
交代	自由（ピッチ内の5人とベンチの交代要員（最大7人）が、いつでも入れ替わることが可能）	アウトオブプレーの時審判の承認を得て交代は3人まで。
試合時間	20分ハーフ（プレーイングタイム）	45分ハーフ（ランニングタイム）
タイムアウト	各チーム前後半1回ずつ1分間のタイムアウトを要求できる。ベンチに帰って休憩をとり、戦術の確認ができる（延長戦ではタイムアウトはない）。	なし
プレー再開	ボールがタッチラインを越えた時はキックインで再開する。攻撃側がボールをゴールラインから出した時は、ゴールキーパーがペナルティエリア内から手で投げて再開する。	ボールがタッチラインを越えた時はスローインで再開する。攻撃側がボールをゴールラインから出した時はゴールキックで再開する。
レフェリー	主審＋第2審判＋第3審判＋タイムキーパー（主審、第2審判とも笛を吹くことができる）	主審＋副審2＋第4の審判（主審は笛、副審は旗をもつ）
時間の計測	タイムキーパーがインプレーの時間のみを計測（プレーイングタイム）	主審が試合開始から終了までの時間を計測する。（ランニングタイム）
オフサイド	なし	あり
ファウル	フィジカルコンタクトの反則の基準はサッカーと同じ直接フリーキックで罰せられる反則の数を、チーム毎に数えて累積する。各チーム6つめ以降の反則を犯すと、第2ペナルティマークから壁なしの直接フリーキックが相手チームに与えられる（5つめまでは反則のあった場所からの直接フリーキックかペナルティキックで再開する）。反則のあった場所からの直接フリーキックかペナルティキックで再開する。	スライディングタックルはファウルではない。反則の数は数えない。
退場後の補充	チームは、その選手の退場後に失点するか、2分が経過するとベンチから選手を補充できる。	補充できない。
GKへのパス	GKが保持したボールを離す、もしくはボールをパスした後、相手が触れるか、ピッチの相手側ハーフ内でなければ、GKは再びボールに触れられない。触れると相手チームの間接フリーキックとなる。	味方競技者から足で蹴られたパスは、手で触れられない。手で触れると相手チームの間接フリーキックとなる。
GKの違反	インプレー時、GKは自陣では手、足を問わずボールを保持して4秒経過すると相手チームに間接フリーキックが与えられる。	GKが手でコントロールしたボールを離した後は、相手の競技者がボールに触れない限り再び手で触れることはできない。
4秒ルール	アウトオブプレー時のキックイン・ゴールクリアランス・コーナーキック・フリーキックは4秒以内に行わないと相手ボールとなる。 ・キックイン→相手のキックイン ・ゴールクリアランス→相手の間接フリーキック ・ゴールキック→相手のゴールクリアランス ・フリーキック→相手の間接フリーキック	なし

【タッチラグビー】

タッチラグビーとは、もともとラグビー選手がウォームアップの1つとして実施していた「タッチフット」を1つの独立した競技として発展させたスポーツである。1960年代にオーストラリアのニューサウスウェールズ州にて発祥したとされている。また、サッカー等と同様に4年に1度 World Cup が開催され、日本では2003年に埼玉県熊谷市にて行われた。

ゲームの特徴としては、わずかな力での身体接触（タッチ）によって守備をするため、体格の大きさや性別などのハンディが少ない。また、男女混合（ミックス）で実施される数少ないスポーツの1つでもある。

1．競技方法

1チーム6人が競技区域（図20）に入り、攻守交替を繰り返しながら相手チーム陣地奥にあるタッチダウンゾーンにボールをタッチダウンし得点を競う。ボールをもったプレイヤーは自分より後ろの選手へのパスや、相手チームのディフェンスをかわすサインプレーなどを用いて戦略的にボールをタッチダウンゾーンに近づけていく。最終的に攻撃側のチームが6回タッチされる前にタッチダウンすると得点になる。

2．試合時間

試合は45分間で行われる（20分間前後半と5分間のハーフタイム）。

3．チームの構成と交替

プレイヤーの数は1チーム最大14人である。プレイヤーは試合中いつでも何度でも交替が可能である。退出する選手がインターチェンジエリアに入った後、交替する選手がイ

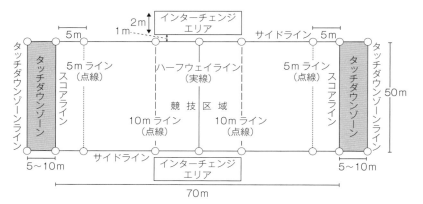

図20　競技区域

ンターチェンジエリアから競技区域に入る。

4．タッチ

タッチが成立するのは以下の2種類である。
① 守備側の選手が、ボール保持者の身体の一部および身に着けているものに対し、最小限の力で触れる。
② ボールを保持している攻撃側の選手が、守備側の選手に自ら触れる。

5．攻守交替

攻守交替は以下の場合となる。交替後は、ロールボール（図21）またはタップ（図22）によって試合が再開される。

1）ロールボールによる再開

タッチされた地点または相手から攻撃権を得た地点にボールを置き、ロールボールするプレイヤーが、ゴールラインと正対した位置で自分の両足の間からボールをまたぐことによって成立する（正しくロールボールが行われないと相手側に攻撃権が移る）。以下の状況がロールボールによる再開となる。

①タッチ後、ボールを地面に置く　　②地面に置いたボールを両足でまたぐ　　③味方がボールを拾いやすいように移動する

図21　ロールボール

①ボールを地面に置き、片足をボールの横に置く　　②ボールが軽く移動する程度に足でボールを転がす　　③即座にボールを拾う　　④ボールを拾い、プレーを再開する

図22　タップ

① 6回目のタッチが行われた場合

② キャッチミスなどでプレー中にボールを落してしまった場合

③ ボールをもった選手が競技区域外に出てしまう、またはサイドラインを踏んでしまった場合

④ ロールボールおよびタップを正確に行わなかった場合

⑤ ハーフがタッチされた場合

　　⇒「ハーフ」とは、味方がロールボールしたボールを最初に扱ったプレイヤーのこと。素早いロールボールが行われると、ハーフとなったプレイヤーの攻撃チャンスが増える反面、次のような制限がある。

・ハーフが味方プレイヤーにパスする前に守備側にタッチされた場合、攻撃回数にかかわらず即座に攻撃権が移動する

・ハーフは直接得点することができない

2) タップによる再開

　　タップは地面にボールを置いて、足でボールを転がすことによって成立する。タップによるゲームの再開は、①試合開始時や得点後、②反則によってプレーが中断した時の2つである。タップが行われる時、相手プレイヤーはキックの地点より10m下がっていなければならない（オフサイドの反則）。タップ後のボールはタップしたプレイヤーがそのままもって走るか、味方にパスすることによりプレーが開始される。

　　⇒主な反則は以下のとおりである。

・フォワードパス（攻撃方向に対して前方にパスする）

・タッチアンドパス（タッチ成立後にパスをする）

・オフザマーク（タッチが行われた位置より前方でロールボールする）

・オフサイド（守備側チームのプレイヤーが、ロールボール時は5m以上、タップ時には10m以上後退しない状態で、守備をしてしまう）

・ハードタッチ（必要以上の力でタッチする）

・遅滞プレー（ゲームの進行を妨げる行為をする）

・人数超過（7人以上のプレイヤーが同時にグラウンド内に入る）

・交替違反（ミックスゲームで男女の人数比を間違える等）

・暴言（タッチしていないのにタッチしたと主張する場合も含む）

6. レフリーシグナル

　　ゲーム中はレフリーの笛や指示、そしてシグナル（ジェスチャー）を十分理解しておく必要がある。図23に主なシグナルをまとめた。

①試合開始	②ボールトゥグラウンド
●片方の腕をまっすぐ頭上に上げる ●指は閉じて伸ばす ●【長い笛】を吹く 	●【短い笛】を吹いた後 ●肘を曲げ、両手を胸の前に上げる ●両手を下向きに押し下げる 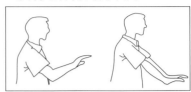

③スコア

- ●レフリーが、タッチダウンが成立したと判断した後
- ●ボールがグラウンディングされた場所の後方に立つ
  →タッチダウンゾーンラインの方向
- ●サイドレフリーに反則の有無、タッチを主張するプレイヤーの有無、スコアラインを確認する
- ●手の平を上に向け、タッチダウンの場所(ボールがグラウンディングされた場所)に向けて下方を指し示す
- ●同時に【長い笛】を吹く

④5タッチ	⑤6タッチ(チェンジオーバー)
●片方の腕をまっすぐ頭上に上げる ●手の平は正面に向け、指を広げる ●"5タッチ"を大きくコールする 	●【短い笛】を吹いた後 ●一方の腕を「5タッチ」と同じように上げる ●もう一方の腕も、指を1本立ててまっすぐ頭上に上げる 

●シグナルを示す際の要点
【 】笛の種類
" " コーリングの例

図 23-1　主なシグナル

⑥ダミーハーフ	⑦ペナルティ
●【短い笛】を吹いた後 ● 両手を握り、胸の前で十字に交差させる ● "ダミーハーフ"をコールする 	●【長い笛】を吹く ●同時に、片方の腕を肩の高さ以上に上げ、反則を犯していないチームの方向を示す ●指は閉じる ●体は反則を犯していないチームの方向、またはサイドラインに向ける 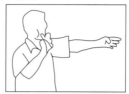

⑧フォワードパス

- 【長い笛】を吹き、ペナルティのシグナルを示した後
- ボールをもつように、両手を体の前に上げる
- 体の前方に向けてボールを投げるように、両腕を肩の高さまで振り上げる
- 肘は伸ばす
- "フォワードパス"をコールする

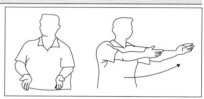

⑨タッチアンドパス

- 【長い笛】を吹き、ペナルティのシグナルを示した後
- 一方の腕を体の前に上げ、前腕が地面に対し垂直になるように肘を曲げる
- もう一方の手で、垂直に上げた前腕を軽く叩く
- 両腕を後方にボールを投げるように、体の反対側まで大きく振る
- "タッチアンドパス"をコールする

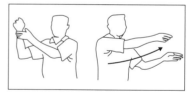

⑩試合終了

- 【試合終了の笛】を吹く
- 体の前で、肩の高さで伸ばした両腕を交差させる(手の平は下に向ける)
- 両腕をゆっくりと真横に広げる

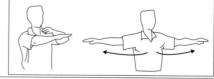

● シグナルを示す際の要点
【 】笛の種類
" " コーリングの例

図23-2 主なシグナル

【文　献】

【サッカー】

アルフレッド・ヴァール著，大住良之監修，遠藤ゆかり訳：サッカーの歴史．創元社，2002.

稲垣正浩：近代スポーツの誕生とその背景．（岸野雄三編著：体育史講義第4版．大修館書店，1984.）

日本サッカー協会，日本サッカーライターズ協議会編：最新サッカー百科大事典．大修館書店，2002.

日本サッカー協会：Laws of the Game 2013/2014 サッカー競技規則．2013.

日本サッカー協会：サッカー指導教本．2016.

オルドジッフ・ジュルマン著，大竹国弘訳：世界サッカー史．ベースボールマガジン社，1977.

大修館書店：アクティブスポーツ総合版2011．大修館書店，2011.

大修館書店：最新スポーツルール百科2012．大修館書店．2012.

清水　諭：中村敏雄著作集　第5巻　スポーツのルール学．創文企画，2008.

山本　浩：フットボールの文化史．筑摩書房，1998.

【フットサル】

市原誉昭：フットサルクリニック．高橋書店，2004.

日本フットサル連盟：HP．http://www.jff-futsal.or.jp/

前田　健：フットサル公式ファンガイド．日本文化出版，1995.

永岡修一：突然うまくなる！フットサルビギナーズテクニック．永岡書店，2007.

日本サッカー協会審判委員会監修，松崎康弘著：改定版フットサル・レフェリーズ．アドスリー，2010.

松崎康弘：間違えやすいジャッジがひと目でわかる！サッカーとフットサルのルール．毎日コミュニケーションズ，2010.

【タッチラグビー】

日本レクリエーション協会：レクリエーションガイドブック21　タッチラグビーハンドブック－生涯スポーツを楽しむために－．日本レクリエーション協会，1998.

ジャパンタッチ協会，西原弘編：ルール・レフリーハンドブック－2010年版．2010.

六−5. フライングディスク

1. フライングディスクの歴史

　フライングディスクは、1940年代後半にアメリカ合衆国コネチカット州にある「フリスビー・ベーカリー」というパン屋の金属製パイ皿をエール大学の学生が投げ合って遊んだことがはじまりだといわれている。同時期に、アメリカ合衆国カリフォルニア州において、建築検査士のウォルター・フレデリック・モリソンが危険性の少ないプラスチック製の円盤に「フライングソーサー」という商品名をつけて1948年から販売を始めた。このフライングソーサーは、ワム・オー社の目に留まり、同社は1957年にモリソンから権利を買い取った。1959年には、フリスビー・ベーカリーのフリスビー（FRISBIE）から1文字変更したフリスビー（FRISBEE）という商品名に変更し、これが現在のフライングディスクの原型となった。初期の頃は「おもちゃ」として使用されていたが、後に優れた飛行性能を生かした11種目が考案され、1984年にプラスチック製のディスクと11種目を総称する一般名称「フライングディスク」が制定された。

　現在、フライングディスク競技種目は12種目（世界公認11種目＋日本公認1種目）となっている。

・アルティメット	・アキュラシー
・ガッツ	・マキシマム・タイム・アフロト
・ディスクゴルフ	・スロー・ラン・アンド・キャッチ
・フリースタイル	・ビーチアルティメット
・ダブル・ディスク・コート	・ドッヂビー（一般社団法人日本フライン
・ディスカソン	グディスク協会公認ソフトディスク種目）
・ディスタンス	

2. アルティメットとは

　アルティメットは、英語で「究極」という意味を持ち、1968年に高校生のジョエル・シルバーによって考案され、アメリカ合衆国ニュージャージー州のコロンビア・ハイスクールで始められたゲームである。1チーム7人ずつの2チームが、100m×37mのフィールドでフライングディスクを落とさずにパスをし合ってエンドゾーンにディスクを運び、コートの両端にあるエンドゾーン内でディスクをキャッチすれば得点となり、その得点を競うスポーツである。

3. 用具とフィールド
1）用具

　アルティメットの試合では、ディスクラフト社のディスク「ウルトラスター」が使用されている（**図1**）。ディスクの直径は27cmであり、重さは175gである。

図1 使用するディスク

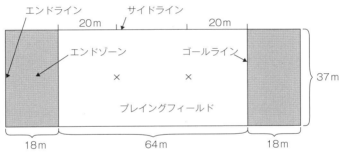

図2 アルティメット競技のコート

2）フィールド

フィールドは長方形となっており、両端にエンドゾーンが設けられている（図2）。正規のフィールドは、64m×37mであり、エンドゾーンが18mとなっているため、フィールド全体は100m×37mの大きさとなる。授業で実施する場合は、人数や使用可能なスペースに合わせて、フィールドの大きさを変更しても良い。

4．ゲームの進め方とルール

1）チーム編成

アルティメットの正規ルールでは、1チーム7名でゲームを行う。授業において、チームは最低でも5名以上が望ましく、ミックス（男女混合）で行う場合は、女性選手が3〜4名出場することが望ましい。

2）勝敗と競技時間

ゲームは15点を先取したチームの勝利となる。また、前半と後半のハーフ制でゲームは行われ、どちらかのチームが8点先取した時点でハーフタイムとなる。授業においては、

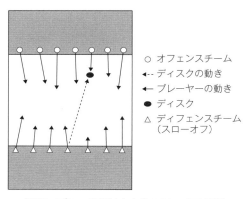

図3 プレーの開始となるスローオフの例

前半と後半の時間を決めてゲームを行うことが望ましい。

3) プレーの開始

はじめに各チームがエンドゾーンライン（ゴールライン）に整列する。ディフェンス側のチームは、オフェンス側にディスクを投げることでゲームが開始される（スローオフ、図3）。

4) ディスクの動きと所有権の移動

アルティメットでは、チーム内でのパスが続いている際には、どの方向にでもディスクをパスすることが可能である。また、プレーヤーはディスクを保持したままの移動や味方のプレーヤーへのディスクの手渡しは禁じられている。

オフェンス側のディスクを持っているプレーヤー（スローワー）は、ディスクを投げるまでに10秒の時間が与えられる。その際、スローワーについているディフェンダー（マーカー）が10秒のカウント（ストーリング・カウント）を行う。また、マーカーがストーリング・カウントを行うことができるのは、スローワーもしくはピボットの位置から3m以内にいる場合に限られる。

ディスクの所有権は、オフェンスのパスが途切れた時、ディフェンスにブロックやインターセプトをされた時に交代となり、ディフェンスチームはオフェンスとなる。

5) 得点方法

オフェンスチームは、ディフェンスチームのエンドゾーン内（18m区間）の味方にパスを成功させると1点を得ることができる。これは、アメリカンフットボールの得点方法と類似している。

6）コンタクトプレーの禁止

プレーヤー間のコンタクト（身体接触）は禁止されている。また、ピックと呼ばれる走路妨害も禁止されている。プレー中に身体接触があった場合にはファールとなる。

ディスクを持っているオフェンスを妨害するファールの際には、ディスクの所有権はそのままでプレーが再開される。プレーヤーがファールに同意しない場合には、プレーがやり直しされることとなる。

7）セルフジャッジ制（セルフレフリー）

このセルフジャッジ制ルールは、アルティメットを行う際にとても重要である。プレーヤーは、自身のファールやラインコールに責任を負い、意見の食い違い等もプレーヤー間で解決しなければならない。すべての選手は、フェアプレーを意識し、責任感を持ちながらゲームを進行することが大切である。

5．ディスクの投げ方

代表的な2種類の投げ方を以下に紹介する。

1）バックハンド・スロー

もっとも基本的なスローイングはバックハンド・スローである。ここでは、目標に対して真っ直ぐな軌道でディスクを放つ投げ方であるストレート・スローを紹介する。

グリップは、クラシック・グリップを用いる（図4）。クラシック・グリップでは、親指はディスクのトップに、人差し指はアウター・リムに真っ直ぐ沿わせて、その他の指はリム全体を包み込むようにしてディスクを持つ。

スタンスは、両足を肩幅に開き、均等荷重とする。利き手（右手）側の身体の側面が投げる方向（前方）に向き、反対側の足を一歩踏み出して構える。上体の回転をうまく使うために、腰を曲げずに上体が一直線となるよう意識する。

スローイングでは、まずディスクを持った手の手首を十分に曲げて、身体に交差するように後方に振り伸ばし、テイクバックを行う。この際に、荷重を後ろ足へ移動させる。スイングでは投げる方向と平行に肘を動かし、リリースでは肘を回転の中心としながら手首

図4　バックハンド・スローにおけるクラシック・グリップ

| フォロスルー | リリース | スイング | テイクバック | スタンス |

図5 バックハンド・スローにおける一連の動作

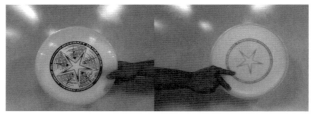

図6 フォアハンド・スローにおけるツーフィンガース・グリップ（一般用）

でスナップを効かせてディスクに回転を与える。ポイントは、手から遠い方のディスクのリムが手の方のリムの位置よりも低くなるように投げ出すことである。このポイントを意識することで、ディスクが真っ直ぐ安定して飛ぶようになる。また、スタンスからフォロースルーまでの一連の動作はスムーズに行えるように意識する（図5）。

2）フォアハンド・スロー

　フォアハンド・スローは、相手の守備をかわして素早くパスを行う際に必要となるスローイングである。ここでもストレート・スローを紹介する。

　グリップは、ツーフィンガース・グリップ（二本指グリップ）と呼ばれ、親指と人差し指の間をリムに密着させ、人差し指と中指でVの字を作り、中指の腹をインナーリムに密着させてディスクを支え、薬指と小指は外側で握る（図6）。スローイングに慣れてきたら、人差し指と中指をつけるようにグリップを行うことで、よりスナップの効いた強い回転をディスクに与えることができる（図7）。

　スタンスは、利き手側を後方にして、両足均等荷重を心がける。バックハンド・スローとの相違点は、フォアハンド・スローにおいてはディスクに回転を与える軸が肘でなく、手首となるところである。

　リリースは、手首を鋭く回すことでスナップを効かせて、強い回転をディスクに与える。初心者は、握っているのと反対側のリムが少し低くなるようにディスクを保持し、外側へ

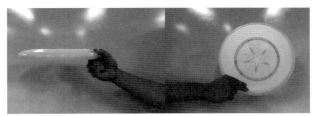

図7 フォアハンド・スローにおけるツーフィンガース・グリップ（上級者用）

スタンス　　　テイクバック　　　スイング　　　リリース　　　フォロースルー

図8 フォアハンド・スローにおける一連の動作

傾斜角度をつけてリリースするとディスクのコントロールがしやすくなる。また、バックハンド・スローと同様に、スタンスからフォロースルーまでの一連の動作はスムーズに行えるように意識する（図8）。

6. ディスクのキャッチング

投げ出されたディスクが自身のもとへ飛んできた際の受け止める動作をキャッチングと呼ぶ。ここで重要なポイントは、ディスクから目を離さないことと回転を意識しながらキャッチングすることである。また、風の強さや方向を考慮して、ディスクの落下地点を予測することはキャッチングを行う際に重要となる。

ディスクをキャッチする際には、片手（ワンハンド・キャッチ）と両手（ツーハンズ・キャッチ）のいずれの場合にもクランピングを用いる。クランピングとは、親指と残りの4本の指をCの形に曲げて、ディスクが手の平と接すると同時に、親指でディスクの一方の面を、残りの4本の指で他方の面を押さえることをいう。

キャッチングの際の手の構えは、サムアップ（親指を上向き）とサムダウン（親指を下向き）を使い分ける。ディスクが胸より上に飛んできた場合はサムダウン（図9）、胸より下の場合にはサムアップ（図10）を用いる。

ワンハンド・キャッチは、腕のリーチを生かすことができるため、跳びながらキャッチをする場合に多く使用される（図11）。重要なポイントは、ディスクの回転を見極めて、ディスクが曲がる方向を意識しながらクランピングすることである。

図9　サムダウンでのツーハンズ・キャッチ

図10　サムアップでのツーハンズ・キャッチ

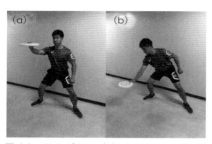

図11　サムダウン（a）とサムアップ（b）でのワンハンド・キャッチ

図12　サンドイッチを用いたツーハンズ・キャッチ

　ツーハンズ・キャッチは、クランピングを利用した通常のキャッチとクラッピングを利用したサンドイッチの2種類がある。サンドイッチとは、手を広げて向け合った両手のひらで、間に入ったディスクを上下からはさみこむキャッチ方法である（図12）。また、ツーハンズ・キャッチを行うときは、両手を15cmほど離して構えて、その手の間にディスクを迎え入れるように両側のリムをクランピングする。

7．攻撃と守備の仕方
1）オフェンスチーム

　アルティメットのオフェンスチームは、3つのポジションから構成される。その内訳は、①ハンドラー、②ミッドフィルダーおよび③ディープレシーバーである。

　ハンドラーは、優れたパス能力が必要で攻撃の要となるため、攻撃の戦術やチームメイトの能力を理解し、なおかつ高度なスローイング技術やパスの能力が必要となるポジションである。

　ミッドフィルダーは、レシーブとスローの両方の能力が必要とされ、なおかつ俊敏性も問われる。ハンドラーからのパスをキャッチした後に、ディープレシーバーへすばやくパスを供給する役割を持つ。

図13 3種類のマンツーマンディフェンス
(a) ストレートアップ・マーク、(b) フォース・フォアハンド、(c) フォース・バックハンド

　ディープレシーバーは、主にレシーブの役割を担い、このポジションで必要とされる能力は、ロングパスに追いつくための優れた走力と高いパスをキャッチするための優れた跳躍力である。

　オフェンスチームのポジション配置は、3-2-2(ハンドラー3名、ミッドフィルダー2名、ディープレシーバー2名)、あるいは4-2-1 (ハンドラー4名、ミッドフィルダー2名、ディープレシーバー1名) が一般的である。

2) ディフェンスチーム

　アルティメットのディフェンス方法は、マンツーマンディフェンスとゾーンディフェンスの2種類があげられる。ここでは、最もよく知られているマンツーマンディフェンスの解説を行う。マンツーマンディフェンスの目的は、オフェンスプレーヤーがスローワーから投げられたディスクを受け取れないようにすることである。したがって、ディフェンスプレーヤーが特定のオフェンスプレーヤーと1対1の状況となり、オフェンスプレーヤーの攻撃を防ぐ。以下に、基本的な3種類のマンツーマンディフェンスを示す。

(1) ストレートアップ・マーク

　ストレートアップ・マーク (図13-a) は、スローワーの意思によって、ポジショニングを変える方法である (例：スローワーがバックハンド・スローを行おうとした際には、バックハンド・スローが投げにくくなるようにマークの位置を変える)。

(2) フォース・フォアハンド

　フォース・フォアハンド (図13-b) は、オフェンスプレーヤーをマークして、常にフォアハンド・スローになるようにしながら、サイドラインの方向へと追い込んでいく方法である。

(3) フォース・バックハンド

　フォース・バックハンド (図13-c) は、ディフェンスプレーヤーがレシーバーのバッ

クハンド側でプレーしながら、フィールドのフォアハンド側へのパスを防ぐ方法である。

8. ルールのまとめ

<u>使用する用具</u>：

ディスク 1 枚

<u>出場人数</u>：

1 チーム 7 名（授業では参加人数によって臨機応変に変更する）

<u>フィールド</u>：

全体 100 m×37 m、エンドゾーン 18 m（授業ではスペースに応じて変更する）

<u>プレーの開始</u>：

両チームがゴールラインに整列し、スローオフによってディスクの落下した地点からプレーを開始する。

<u>得点</u>：

オフェンスチームがディフェンスチームのエンドゾーン内でパスを受け取ると 1 点が得られる。得点後は、エンドゾーンを交換し、得点したチームのスローオフで試合を再開する。

<u>ディスクの所有権の移動</u>：

ディスクが地面に落ちた場合やサイドラインを越えた場合。また、インターセプトやファールがあった場合。

<u>その他のルール</u>：

①ディスクを持ったまま移動しない

②ディスクをキャッチしてから 10 秒以上保持しない

③相手に触れない

④2 人以上でディフェンスをしない

⑤走路妨害をしない

⑥セルフジャッジでゲームを行う

【文　献】

日本フライングディスク協会監修：フライングディスクをやってみよう－アルティメットの基礎と応用－増補改訂版．ナップ，2011.

日本フライングディスク協会アルティメット委員会ほか著：フライングディスク入門－アルティメットのすすめ－．タッチダウン，1992.

日本フライング・ディスク協会編著：フライングディスクのすすめ．ベースボールマガジン社，1988.

JFDA アルティメット委員会：HP．http://www.japanultimate.jp/

竹腰　誠編著：健康科学・生涯スポーツ必携．杏林書院，2015.

六−6. ソフトボール・野球

1. ソフトボール・野球の歴史

18世紀の後半から、アメリカやイギリスで、ボールを打って塁を回るタイプのゲームが数多く行われており、それらが現在の野球などの原型である。

ソフトボールは野球から生まれ「インドアベースボール」や「レディースベースボール」などと呼ばれた頃もあったが、1923年に「ソフトボール」の名称で統一され、初期のルールがつくられた。1996年のアトランタオリンピックから正式種目として採用されたが、2008年の北京オリンピックを最後に正式種目から外れることになった。日本女子チームは、その最後の北京オリンピックで念願の金メダルを獲得した。

2. 競技特性

ソフトボールは2チームが攻撃と守備に分かれ、攻め方を工夫して勝敗を競うスポーツである。攻撃と守備を交互に行い、一定の回数（イニング）を繰り返して得点を競う。最終的に得点の多いチームが勝ちとなる集団的競争的スポーツである。

投げる、捕る、打つ、走るなどの個人的技能と、守備や攻撃の戦術が重視され、変化に富んだゲームが展開される。また鋭い打球が野手の正面をついたり、当たり損ねがラッキーヒットになったりする偶然性も秘めている。敏捷性や巧緻性、瞬発力などが必要であり、瞬時の判断力も要求される。また、協調性やマナーなどの社会性も育てられる。攻撃、守備ともに状況に応じたチームの作戦が必要であるため、アイデアや創造性も高められる。

3. 競技人数

1チーム9人。その他、控え選手の人数は試合（大会）ごとに決められる。大会によっては「指名選手制（守備や打撃専門の選手をおく）」を採用する場合がある。

4. 得 点

バットでボールを打つなどして、打者・走者が塁を正しく進み、本塁に帰ると1点が入る。攻撃チームが3アウトになると攻守交代となる。

5. 勝 敗

7回（イニング）終了後、得点の多いチームが勝ちとなる。同点の場合は延長戦（タイブレーカー：無死走者2塁の状況から開始）を行う。

※詳しくは、日本ソフトボール協会ホームページ（http://www.softball.or.jp）

6. マナーと安全

①服装を整え、ルールに定められたヘルメット、マスクなどの防具やグラブなどを正しくつける。

②自分の能力以上の無理なプレーや激しいプレーをしない。
③フライボールは捕球する時は、大きな声で合図をする。
④練習やゲームの前に、グラウンドや用具の点検と整備をし、終了したらしっかり片づける。
⑤打者は、ボールを打って走る時にバットを投げ捨ててはいけない。

7. 楽しくゲームをするための技術

①ボールの投げ方（図1, 2）：投球する方向へ左足を踏み出し、手首のスナップを利かせて投げる。
②ボールの握り方（図3）：親指、人差し指、中指の3本で握るのが基本。手の小さな人

図1　ボールの投げ方

ねらったところにボールが投げられない
・投げる時は目標から目をはなさない。
・踏み出す足を目標に向かってまっすぐ踏み出す。
・腕だけでなく体のひねりを使って投げる。
・指でボールを切るようにスナップを利かせる。

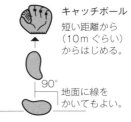

キャッチボール
短い距離から
（10mぐらい）
からはじめる。

地面に線を
かいてもよい。

図2　ボールの投げ方

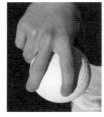 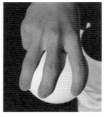

図3　ボールの握り方

①ボールから目を離さない　　②肘や膝は軽く曲げておく　　③キャッチしたらすぐにスローイングの体勢に入る。

図4　ボールの捕り方

ゴロは体の真ん中で捕球する。

膝と腰を曲げ、つま先に重心をかけて構える。

瞬間的に左右前後にすばやく動けるように構えよう。

図5　野球の構え方

は薬指も使って4本で握ってもよい。

③ボールの捕り方（図4）：立った姿勢で、体の正面でボールをキャッチする。
 ・手首や手の力を抜き、グラブを胸の前に構える。
 ・ボールを胸の中心でとらえる。
 ・両手でグラブの中のボールをおさえる。
④野球の構え方（図5）
⑤ボールの打ち方−基本−（図6〜8）
⑥ボールの打ち方−応用技術−（図9）
⑦ピッチャーの主な投球方法（図10）
⑧ゴロの捕球と送球動作（図11）
⑨走塁の技術（図12, 13）

体の力を抜きひざを軽く曲げて構える
タイミングを合わせバックスイングをとる
ボールをよく見る
左わきをしめバットを最短距離でボールに当てる

振り抜いた後も視線はボールが当たった位置に置く

[バットの握り方]

図6　ボールの打ち方

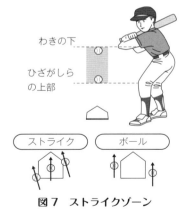

わきの下
ひざがしらの上部

ストライク　ボール

図7　ストライクゾーン

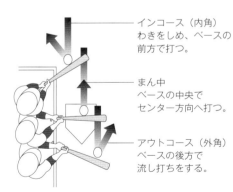

インコース（内角）
わきをしめ、ベースの前方で打つ。

まん中
ベースの中央でセンター方向へ打つ。

アウトコース（外角）
ベースの後方で流し打ちをする。

図8　ボールを当てる位置

一般的な握り方：　　短く握る握り方：　　　　　　長く握る握り方：
　こぶし半分あける　　こぶし1つ分あける短打を狙う　　長打をねらう強打者向き

図9　グリップの位置

①2～10秒間静止したあと投球動作に入る
②ボールは両手で体の前面にもつ
③腕を大きく後方に振り上げる
④足を大きく前方に踏み出す
⑤振り上げた腕を後ろに引き、反動を利用して振り下ろす
⑥胸を張る
⑦正面に向かって腰を回転させる
⑧手首は反らせたままにし、ボールを離す瞬間にスナップを利かせて投げる

図10　スプリングショットモーション

①上体の力を抜いて膝を曲げ、前傾姿勢で構える
②打球に対してすばやく移動する
③体の正面で捕球する
　左足を一歩踏み込むと送球動作に入りやすい
④捕球と同時に送球動作に入りすばやく送球する
　送球する方向にすばやく足を踏み出す

図11　ゴロの捕球と送球動作

図12　走塁の技術

図13　離塁の構え方
ピッチャーのモーションをよくみて判断し、スタートする。

●バント
バットにボールが当たる瞬間にバットを軽く引いてボールの勢いを殺してゴロを転がす。右打者は左手でバットを操作し、打球の方向を決める。

●バントのバットの握り方
親指と人さし指でやわらかくもち、手のひらとバットは少し空けておく。

図14 攻撃の連携プレー

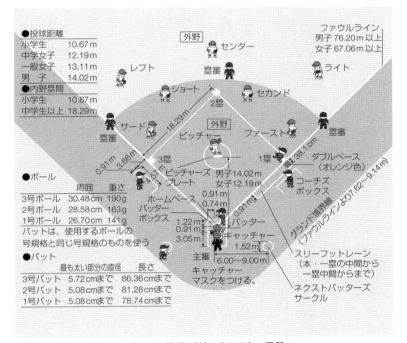

図15 施設（グラウンド）・用具

⑩攻撃の連携プレー（図14）
⑪施設（グラウンド）・用具（図15）
⑫ファウルボールとフェアボール（図16）

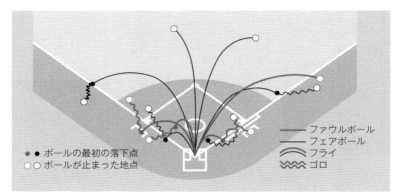

図16　ファウルボールとフェアボール

8. ソフトボールの主なルール

1）打者がアウトになる場合
①三振：第3ストライクのボールを、捕手が地面につく前にキャッチした時。
②第2ストライクの後のバントが、ファウルボールになった時。
③フライの打球が、野手に直接キャッチされた時。
④ツーアウト（2人アウト）前で、走者が1・2塁または満塁の時、捕りやすいフライの打球を内野に打ち、インフィールドフライが球審により宣告された時。
⑤フェアボールを打った打者が1塁へ達する前に、捕球した野手の送球が塁上の一塁手に保持された時。
⑥不正打球があった時。

2）走者がアウトになる場合
①打者走者が1塁に達する前に、ボールタッチされるか、ボールをもった野手が1塁に触れた時。
②打者走者が最初に1塁を走り抜ける時、オレンジベースに触れなかった時。
③打者走者が、ボールタッチを避けるために後退したりベースラインから3フィート以上離れた時。
④離塁中、ボールタッチされた時。
⑤安全進塁権のないランナーが、次の塁に達する前に、ボールタッチまたはボールをもった野手に触塁された時（フォースアウト）。
⑥まだアウトになっていない前のランナーを追い越した時。
⑦野手が触れる前の打球に触れた時。
⑧守備側のプレイヤーを故意に妨害した時。
⑨走者が、投手の手からボールが離れる前に離塁した時。

3）その他

①走塁妨害をされた時、1個の安全進塁権が与えられる。

②捕手が打者を妨害した時、打者は1塁に進む。

③バッターボックスの外で打った時、打者はアウトになる。

④マスクや帽子などで捕球した時、グローブを投げてボールを捕った時、2個の安全進塁権が与えられる。

⑤走者が走路外を走った時、走者はアウトになる。

⑥投手がセットポジションをとったあと打者席を変更した時、打者はアウトになる。

9．生涯スポーツを目指して

　ソフトボールは男女差、年齢差、技能差、体力差などにあまり関係なく、比較的狭い場所でも大いに楽しめるスポーツである。アメリカでは、スローピッチソフトボールが大衆スポーツとして広く普及しており、最近は日本でも導入されてきている。誰でもが、ソフトボールを安全に楽しむことができ、生涯スポーツとして生活の中で楽しむことができる。

【文　献】

波多野義郎：ワンダフルスポーツ－生涯スポーツをめざして．新学社，2012.
関岡康雄：新版・絵でわかるジュニアスポーツ①野球・ソフトボール―ルールと技術―．学習研究社，2005.
宇津木妙子ほか：考える力を身につける　ソフトボール練習メニュー200．池田書店，2011.

六-7. バドミントン

1. バドミントンの歴史

　バドミントンに似た羽根つき遊びは、古くから世界各地で行われていた。それら羽根つき遊びの中でも、イギリスで行われていた「バトルドアー・アンド・シャトルコック」が、現在のバドミントンの直接の起源と考えられている。「バトルドアー・アンド・シャトルコック」は、19世紀中頃にイギリスのグロースターシャー州のバドミントン村で盛んに行われていた。当時は、どれだけ長く打ち続けられるかを競う遊びであったが、その後、より面白くなるように、打ち合う2人の間にロープを張り、その上を越えるように打つなどの新しいルールが作られ、徐々に発展していった。

　バドミントンは広まるとともに、イギリス各地でクラブが作られるようになった。しかし、当時はクラブごとに競技のルールが異なっていた。そこで1893年に、各クラブの代表が集まって「バドミントン協会」を設立し、ルールの統一化を行い、1899年に現在の全英オープンの前身となる大会が行われた。その後、1939年には国際バドミントン協会が設立され、1977年には初の国際大会が行われた。

2. コート・用具
1）競技場

　コートを設置する競技場内（体育館）は、暗幕等で日光などの自然光の侵入を遮断する。また、競技において使用されるシャトルコックは風の影響を強く受けるため、風の侵入を防ぐことが求められる。

2）コート

　コートを構成するラインの幅は4cmであり、色は容易に見分けやすいものとし、白または黄色で書かれていることが望ましい。なお、1つのコートにはシングルスのライン、ダブルスのラインがそれぞれ引かれている。ラインの名称、コートの大きさ、ポストの設置位置、ネットの高さを図1に示す。

3）ラケット

　フレームは全長680mm以内、幅は230mm以内で構成されている。ラケットの各部位の名称や大きさを図2に示した。また、ラケットの各部位の詳細は次の通りである。

（1）グリップ（ハンドル）

　プレーヤーがラケットを握る部分。

（2）スリングド・エリア

　糸（ストリングス）が縦・横に交差させて張ってあり、シャトルを打つ部分。

（3）ヘッド

　ストリングスの外枠となる部分で、卵のような形をしている。長さ280mm以内、幅

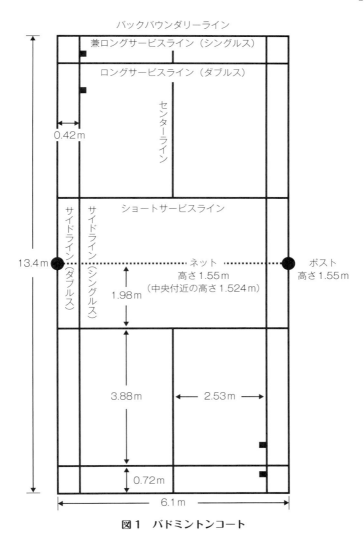

図1 バドミントンコート

220 mm 以内で構成されている。

(4) シャフト

ハンドルとヘッドを繋ぐ部分。

4) シャトルコック (シャトル)

16枚の羽根をコルク台に取り付けたもので、重さは 4.75～5.50g である。天然素材 (水

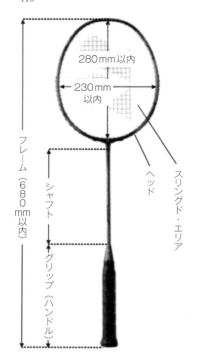
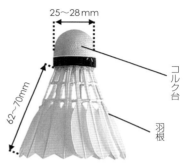

図3 シャトルコック（天然素材）

図2 バドミントンラケット

鳥シャトル）と合成素材（ナイロンシャトル）の2種類があり、ナイロンシャトルは水鳥シャトルよりも丈夫で、長い期間に渡って使用可能だが、公式の試合では水鳥シャトルが使用される。シャトルコックの各部位の名称や大きさを図3に示した。

3. 試合の進行
1）得点およびルール

バドミントンの試合はラリーポイント制（サービス権の有無にかかわらず、ラリーに勝利した側が得点し、同時に次のサービス権を得る）で進められ、2ゲーム先取の3ゲームマッチで勝敗を争う。ゲームでは、21点を先取したサイドがそのゲームの勝者となる。得点が20対20になった場合は、最初に2点をリードしたサイドが勝者となる。29対29になった場合は、最初に30点目をとったサイドが勝者となる。ゲームにおける得点方法は、サービスで得点するパターン、ラリーで得点するパターンの2つがあげられる。なお、得点の加算は常に1点ずつである。

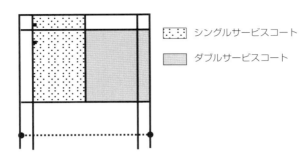

図4 サービスコート

(1) サービスでの得点

　サーバーが打ったシャトルコックが、レシーバー側のサービスコート（図4）に落ちた場合はサーバー側が、サービスコートの外に落ちた場合はレシーバー側が得点する。

(2) ラリーでの得点

　シャトルコックの打ち合いのことをラリーといい、このラリーに勝った側は得点することができる。ラリーに勝つとは、相手側がフォルトをしたり、自分が打ったシャトルコックが相手コート内に落ちた場合のことである。

(3) フォルト

　試合中に反則をした場合フォルトとみなされ、相手側が得点する。主なフォルトには以下のようなものがあげられる。

①アバブ・ザ・ウエスト：サービスを打つ際、打点が肋骨の一番下よりも高いこと。

②アバブ・ザ・ハンド：サービスを打つ際、ラケットヘッドの一部がグリップよりも高い位置にあること。

③フットフォルト：サービスを打つ際、踏み込んで打つ、片足を上げる、足をずらすこと。

④ラインクロス：サービスを打つ際、サービスコートを構成するラインを踏む、あるいは越えていること。

⑤アウト：サービスの際、シャトルコックがネットの上を越えなかったり、サービスコート内に落ちないこと。ラリーの際、シャトルコックがネットを越えなかったり、あるいはネットの下を通り抜けたり、コート外の人や物に触れること。シャトルコックがコート外に落ちること。

⑥タッチ・ザ・ボディ：シャトルコックが身体や衣類に触れること。

⑦タッチ・ザ・ネット：身体やラケットがネットに触れること。

⑧オーバー・ザ・ネット：ラケットや身体の一部がネットを越え、相手コート内に入ること。

⑨ドリブル：同じプレーヤーが二回連続でシャトルコックを打つこと。

⑩ダブルタッチ：ダブルスの際、味方同士のラケットがともにシャトルに触れること。ま

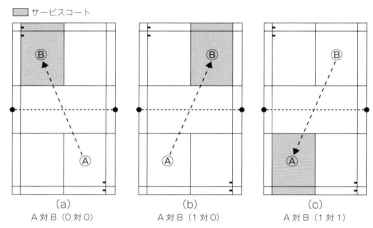

図5 シングルスでのサービス権の移動の例

たは味方の打球がパートナーのラケットに当たること。
⑪ホールディング：シャトルをラケットに乗せた状態で、投げるように打つこと。
⑫インターフェア：相手のプレーを妨害すること。

2）ゲームの進め方
(1) トス

1ゲーム目の最初には、最初のサービス権やコートサイドを決めるために、コイントスまたはじゃんけんを行う。コイントスまたはじゃんけんに勝った方は、サービスまたはレシーブの選択権か、コートサイドの選択権のうち、どちらか1つを選択する。負けた方は残りの選択権を取る。

(2) サービス

サーバー、レシーバーは互いに斜めに向かい合ったサービスコートに立ち、サービスは相手のサービスコートに入るよう行う。ゲームの最初のサービスは右側のサービスコートから行い、それ以降はサーバー側の得点が偶数の場合は自分たちのコートの右側、奇数の場合は自分たちのコートの左側のサービスコートからサービスを行う。シングルス、ダブルスのサーブ権の移動の例は以下の通りである。

【①シングルスのサービス権の移動（図5）】
ⓐゲームの開始時は、右側のサービスコートから対角のサービスコートへサービスを行う。
ⓑAがラリーに勝ち、Aに1点が追加された。これによりAが続けてサービスを行う。
　Aの得点が奇数のため、左のサービスコートから対角のサービスコートへサービスを行う。

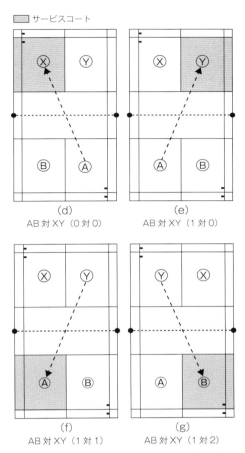

図6 ダブルスでのサービス権の移動の例

ⓒBがラリーに勝ち、Bに1点が追加された。これによりサービス権はBに移る。Bの得点が奇数のため、左のサービスコートから対角のサービスコートにサービスを行う。

【②ダブルスのサービス権の移動例（図6）】

ⓓゲームの開始時は、右側のサービスコートから対角のサービスコートへサービスを行う。Aがサーバー、Xがレシーバーである。

ⓔABがラリーに勝ち、ABに1点が追加された。これによりAが続けてサービスを行う。ABの得点が奇数のため、Aは左のサービスコートへ移動し、左のサービスコートから対角のサービスコートへサービスを行う。XYは移動せず、Yがレシーバーとなる。

⑥XY がラリーに勝ち、XY に 1 点が追加された。これによりサービス権は XY に移る。
　XY のポジションは変えず、XY の得点が奇数のため、左のサービスコートの Y がサー
　バーとなり、対角のサービスコートの A に向けてサービスを行う。
⑥XY がラリーに勝ち、XY に 1 点が追加された。これにより Y が続けてサービスを行う。
　AB のポジションは変えず、XY の得点が偶数のため、Y は右のサービスコートへ移動
　し、右のサービスコートから対角のサービスコートへサービスを行う。AB は移動せず、
　B がレシーバーとなる。

4. 技　術
1）グリップ
（1）イースタングリップ
　グリップを持った際に、ラケットの面が地面に対して垂直になり、かつ親指と人差し指
の間に V の字ができるように握るグリップである。多くのショットに対応でき、力強い
ストロークができる。
（2）サムアップグリップ
　親指を立て、それを支点にした力を使うグリップである。バックハンドストロークの際
に多用される。
（3）リストスタンド
　ラケットを持つ腕とラケットで V の字ができるように角度をつける。しっかりとした
リストスタンドが威力のあるストロークを生む。

2）ストローク
　ストロークは、ラケットを振ってシャトルコックを打つことである。ストロークは以下
の種類に分けられる。
（1）シャトルを捉える左右の位置による分類
①フォアハンドストローク：ラケットを持つ手側（フォアサイド）でシャトルコックを打
　つ打ち方。
②バックハンドストローク：ラケットを持つ手と反対側（バックサイド）でシャトルコッ
　クを打つ打ち方。
（2）シャトルを捉える打点の高さによる分類
①オーバーヘッドストローク：頭よりも上のスペースでシャトルコックを打つ打ち方。
②サイドハンドストローク：頭からウエストの間のスペースでシャトルコックを打つ打ち
　方。
③アンダーハンドストローク：ウエストよりも低いスペースでシャトルコックを打つ打ち
　方。

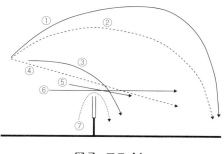

図 7 フライト

3) フライト

シャトルコックがラケットで打たれた際に、シャトルが飛ぶ道筋のことである。バドミントンは、ラケットでシャトルコックを打つ際に、体の正面に対してどの位置で打つか、打った際のラケットの角度、ラケットの動くスピードなどによって、フライトが変化する。フライトの種類や打ち方には、以下のようなものがあげられる（図7）。

（1）ハイクリアー
相手コートのバックバウンダリーラインに向かって、ネットを高く超えるよう打ち込む。

（2）ドリブンクリアー
相手コートのバックバウンダリーラインに向かって、ハイクリアーよりも低い軌道で、相手の頭上を速く越えるように打ち込む。

（3）ドロップ
ゆるく弧を描きながら、相手コートのネット際に落ちるように打つ。

（4）スマッシュ
高速で、高い打点から鋭い角度で相手コートに落ちるように打つ。

（5）プッシュ
ネット近くにきたシャトルコックを、相手コートに押し込むように打つ。

（6）ドライブ
早いスピードでネット近くを、床と平行に飛ぶように打つ。

（7）ヘアピン
ネット際に落とされたシャトルコックを、相手コートのネット際に打ち返す。

4) サービス

フォアハンドストローク、バックハンドストロークどちらでも打つことが可能である。サービスは、シャトルコックの飛ぶ軌道や、相手コートのどこに落ちるかによって、以下のような種類に分けることができる（図8）。

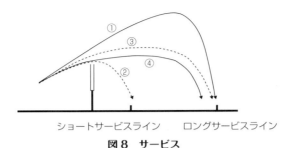

ショートサービスライン　　ロングサービスライン

図8　サービス

（1）ロングハイサービス
　相手のロングサービスライン付近を目掛けて、シャトルコックを高く打ち上げるサービス。
（2）ショートサービス
　相手のショートサービスライン付近を目掛けて、シャトルコックをネットすれすれの高さを通過させるサービス。
（3）フリックサービス
　シャトルコックが相手の頭上付近を通過するように打つサービス。
（4）ドライブサービス
　シャトルコックが床と平行に、相手の顔の高さをすばやく通過するように打ち込むサービス。

【文　献】

こどもくらぶ：スポーツなんでも事典　バドミントン．ほるぷ出版，2007．
鈴木一行ほか：アクティブスポーツ 2014（総合版）．大修館書店，2014．
竹腰誠編著：健康科学・生涯スポーツ必携．杏林書院，2015．
東海大学一般体育研究室：健康・フィットネスと生涯スポーツ．大修館書店，2010．
日本バドミントン協会：バドミントン競技規則 2018-2019．https://www.badminton.or.jp/rule/

六-8. 卓　球

1. 卓球の歴史

　卓球は1880年代にテニスを楽しんでいたイギリスの上流階級の仲間たちが、悪天候時にテーブルの上でボールをはずませて遊んだことがきっかけで始まったといわれている。そのため、現在でも卓球は英語で『Table Tennis』（テーブルテニス）と呼ばれている。また、『Ping-Pong』（ピンポン）と呼ばれることもある。これは、1900年頃にセルロイド製の玩具のボールが卓球に使えることに着眼したジェームズ・ギップ（陸上競技の選手）が、試合で訪れたアメリカでセルロイド製のボールを大量購入し、イギリスに持ち帰った。それを当時イギリスの上流階級の間で使われていたラケット（羊の皮を枠に貼ったもの）で打ったところラケットに当たる時に「ピン」、テーブルに弾く時に「ポン」という音に聞こえたことに由来している。

　日本国内においては1902年、東京高等師範学校教授の坪井玄道氏がヨーロッパの体育視察から帰国した際、ネット、ラケット、ボールなどを持ち帰ったことによって卓球は日本に伝来した。その後まもなくして全国の学校教育に取り入れられ、1931年には日本卓球会（現在の公益財団法人日本卓球協会）が発足し、全日本選手権をはじめとした様々な大会が行われるようになり、卓球は多くの人に親しまれるようになった。

　第二次世界大戦が勃発し、対戦国のスポーツが禁止（卓球もその1つであった）されたことで一時下火になったものの、戦後再び卓球は盛んに行われ、国際大会においても日本人選手が優勝するなど、世界の舞台で活躍するようになった。

　卓球は1988年のソウルオリンピックから正式種目として採用されたが、メダル獲得数は中国が最も多く、卓球強豪国の一角を担っている。その他にもドイツやフランスなどプロの卓球リーグが存在する強豪国が多数存在するが、2016年のリオデジャネイロオリンピックでは、日本選手が男子団体（銀メダル）、女子団体（銅メダル）でそれぞれメダルを獲得するなどの目覚ましい活躍をみせており、今後、日本選手の活躍が期待できるスポーツの1つである。これらのような日本選手の活躍や、生涯続けることができる競技特性もあり、現代の日本において卓球は競技スポーツとしてだけでなく、子どもから大人まで生涯スポーツとして広く親しまれている。

2. 用　具

1）ラケット

　大きさ、形、重さについて特に規定はない。打球に使用する面については、必ずラバーで覆われていなければならない。また、ラケットの両面にラバーを張る際は、片面が無光沢の明るい赤色、もう片面は無光沢の黒色に定められている。ラケットの主要な種類としてはペンホルダーラケット、シェイクハンドラケットの2種類があげられる。

（1）ペンホルダーラケット（図1, 2）

　一般的にはラバーを片面に貼る。手首や指先が使いやすいため細かい動きがしやすく、

図1 ペンホルダーラケット　**図2 ペンホルダーラケット**　**図3 シェークハンドラケット**

図4 シェークハンドラケット

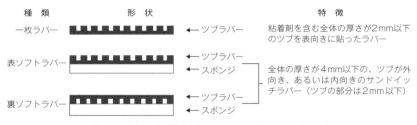

図5　ラバーの形状（吉田、2004をもとに作図）

フォアも打ちやすい。

(2) シェイクハンドラケット（図3, 4）

ラケットの表と裏にラバーが貼ってあり、両面で打つことが可能である。そのためフォア、バックともに強打しやすい。

2) ラバー

ラケットに貼るラバーは一枚ラバー、表ソフトラバー、裏ソフトラバーの3種類に大別することができる。各ラバーの形状は図5の通りである。現在では裏ソフトラバーを使用する選手が多い。

3) ボール（図6）

ボールはセルロイド、またはプラスチック製で直径40mm、2.7g、白色またはオレンジ

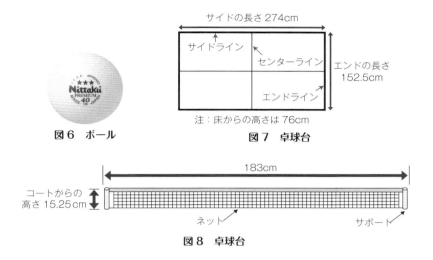

図6 ボール

図7 卓球台

図8 卓球台

色のものを使用する。

4) 卓球台 (図7, 8)

卓球台の大きさ (国際規格サイズ) はサイドの長さが274cm、エンドの長さが152.5cmであり、平らな長方形の形をしている。また、卓球台の表面は床から76cmの高さで水平を保つように設計されている。なお、卓球台の長辺にはサイドライン、短辺にはエンドラインという、それぞれ幅2cmの白いラインがひかれており、卓球台の中央には幅3cmのセンターラインがひかれている。ネットはセンターラインに沿って台の両端に取り付けられたサポートによって支えられており、長辺に垂直であり尚且つコートからの高さが15.25cmとなるように吊さなければならない。

3. 基本的なルール

1) サービス権・コート

試合前にコイントス(またはジャンケン)に勝った選手は最初にサービスをするかレシーブをするか選択することができる。あるいはどちらのコート (エンド) でプレーするかを選ぶことができる。コイントスおよびジャンケンに勝った選手がコート (エンド) を選択した場合は相手選手がサービスまたはレシーブを選択することになる。

2) 得点方式

サービスは2得点ごとに交代する。1ゲームは11点先取制で行われる。ただし、10対10になった場合、サービスは1得点ごとの交代となり、オール (同点) の状態から先に2

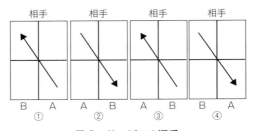

図9 サービスの順番

チーム内でのサービスの順序はどちらから行うことも可能である。A・Bチームが最初にサービス権を得て、Aが最初にサービスを行う場合は上図の①→②→③→④→①…の順序でサービスを行い、Bが最初の場合は③→④→①→②→③…の順番で行う。

得点連取した選手が1ゲームをとったことになる。そして、1ゲームごとにコートを交代(最終ゲーム時は、どちらかの選手が5得点になった時点でコートの交代を行う)する。試合は「3ゲームズマッチ」、「5ゲームズマッチ」、「7ゲームズマッチ」があり、それぞれ2ゲーム、3ゲーム、4ゲームを先取した選手の勝ちとなる。

4. サービス・リターン
1) サービス

サービスを打つときはフリーハンド(ボールを乗せている手)を静止させ、ボールがエンドラインより後ろで、かつ卓球台の表面より上にある状態でなければならない。また、ボールを指で挟んだり、手のひらでつつんだりするとフォルトとなり相手に得点が与えられるため、指がボールにかからないようにする(ボールが常に相手から見えるようにしなければならない)。

次に、ボールをトス(投げ上げる)する際はボールに回転をかけずに16cm以上高くあげ、落下してくるボールを打たなければならない。また、ボールを自分のコートに1回バウンドさせて、相手のコートでも1回バウンドさせなければならない。なお、サービスでボールがネットに触れて相手コートに入った場合どちらの得点にもならず、サービスのやりなおしとなる。

2) リターン

サービス以外の場面でボールを打ち返すことをリターンという。リターンは自分のコートではバウンドさせず、直接相手コートにバウンドさせるように打つ。この時、ボールがネットに触れて相手コートに入った場合は有効となる。

ボールを打った後にラケットが手から離れた場合、その打球は有効となる。しかし、手から離れたラケットにボールが当たった場合は無効となる。また、ラケットをもつ手の手首から先がボールに当たって相手コートに入った場合、その打球は有効となる。

相手の打球が自分のコートでバウンドする前に、エンドラインの内側で自分の身体やラケットに当たった場合は相手に得点が与えられる。その他に、フリーハンド（ラケットをもっていない手）を台の上に着いた場合やネットに身体の一部が触れた場合、ラバーを貼っていない面で打った場合、相手に得点が与えられる。

5. ダブルス
1）シングルスとのルールの違い
　ダブルスにはシングルスと異なる以下のルールが存在する。
・ 全てのゲームにおいて、最初にサービス権をもつチームが最初のサーバーを決定する。
・ サービスの交代ごとに、選手はサーバー・レシーバーを交代で行う。
・ リターンはチームを組んだ2人が交互に行わなければならない。
・ 最終ゲーム時、一方が5点先取した時にコートをチェンジし、レシーブをするチームはレシーバーを交代する。
・ サービス・レシーブ及びコートの順番の間違いが見つかった場合、競技を一時中断し、正しい順序に戻して協議を再開する（それまでの得点は有効となる）。

2）サービスの順番
　ダブルスのサービスは、常にボールが最初にサーバーの右側のコート（ライトハーフコート）から相手の右側のコート（ライトハーフコート）に打たなければならない。サービスの順番については図9の通りである。

6. ラージボール
　ラージボールとは、卓球の普及策の一環として、初心者でも高齢者でもレクリエーションとして楽しむことができるように、日本卓球協会が研究し1988年に生まれた新しい卓球である。ラージボールに対して、普通の卓球は公式卓球と呼ぶこともある。
　ラージボールはボールが一回り大きく、少し軽い特徴があり（直径44mm、重さ2.2〜2.4g）、ラバーも回転がかかりにくい表ソフトラバーに限られる。また、ネットの高さも通常より高い（17.25cm）ため、早いボールを打つことが難しく、ラリーが続きやすいため、より広い範囲の人たちが楽しむことができる競技である。

【文　献】
岸野雄三：最新スポーツ大辞典．大修館書店，1987．
こどもくらぶ：スポーツなんでも辞典　卓球．ほるぷ出版，2007．
中村啓子：基本がわかるスポーツルール　卓球・バドミントン．汐文社，2005．
大野寿一：卓球ルール早わかり．卓球王国，2009．
白川誠之：わかりやすい卓球のルール．成美堂出版，2011．
本郷陽二：チームでつかんだ栄光のメダル　卓球　福原・石川・伊藤・水谷・丹羽・吉村．汐文社，2017．

六-9. トランポリン

　トランポリンは1930年代に現在の形に近い器具が開発され、それ以降徐々に学校体育に取り入れられてきた。現在ではオリンピック種目としても採用され、気軽に空中で運動を楽しめる器具として、さまざまなスポーツ施設で用いられている。軽度な運動ではあるが、技術が上がるにつれエネルギー消費量も多くなり、10回のジャンプで100m走と同じくらいのエネルギーを消費をするといわれている。

　この項では初心者がトランポリンを安全に楽しむために、段階的に習得していく技術の紹介と練習時の注意点を紹介していく。日常生活では味わうことのできない空中感覚を楽しんでほしい。

1. 器具に慣れる

①ベッドの上を歩くことからはじめ、感覚をつかむ。その後、中央付近で軽く跳ねてみて器具に慣れていく。
②本格的に跳ぶ前に、チェック（停止）動作や膝でのジャンプを経験することで基本姿勢や停止動作を覚えていく。

2. 基本ジャンプ

1）垂直ジャンプ（ストレート・ジャンプ）－停止（図1）

　ストレート・ジャンプとストップ・ジャンプはトランポリンを楽しむ際に最初に覚えなくてはいけない技術であり、安全管理上最も重要な技術でもある。

2）垂直ジャンプ（腕のふりをつける）（図2）

　ジャンプに慣れ安全にストップ動作ができるようになったら、腕は肩よりも高く頭上に腕と身体が一直線になるように振り上げる。下降時は肘を伸ばしたまま振り下ろし、足が

図1　ストレート・ジャンプとストップ・ジャンプ

図2 垂直ジャンプ

図3 抱え跳び

図4 開脚屈伸跳び

ベッドに着床したら肘を曲げながら素早く頭上にあげていく。

3) 抱え跳び（図3）

ストレート・ジャンプから腕を頭上に振り上げながら身体を真上に引き上げて、最高点近くで膝を抱え込み、下降時に身体を伸ばし次のジャンプに備えて着床する。

3. 応用ジャンプ

1) 開脚屈伸跳び（図4）

垂直ジャンプから腕を頭上に振り上げながら身体を真上に引き上げ、最高点近くで開脚屈伸の姿勢をとる。下降しはじめたら足を閉じながら身体を伸ばして、次のジャンプに備

図5　閉脚屈伸跳び

図6　垂直1/2捻りジャンプ

える。

2）閉脚屈伸跳び（図5）

　垂直跳びから腕を頭上に振り上げながら身体を真上に引き上げ、最高点近くで閉脚屈伸の姿勢をとる。下降しはじめたら足を閉じたまま身体を伸ばして、次のジャンプに備える。

3）垂直1/2捻りジャンプ（図6）

　垂直ジャンプに1/2捻りを加えたもので、ハーフ・ピルエットとも呼ばれている。

　垂直跳びから腕を後ろから真上に振り上げるように引き上げながら捻りを加える。この時、両腕で耳を挟むように腕を狭くして腕と身体は一直線になるように保つことが重要である（試技者が右利きか左利きかによって捻る方向を指示することで、安定した捻り動作の習得ができる）。

4. 基本ドロップ

1) 腰落ち (図7)

足以外の身体の4部分 (腰・膝・腹・背) で着床する「基本ドロップ」のうち、一番安定した種目である。

垂直ジャンプから腕を真上よりやや後方に振り上げ、上体が少し後傾した状態で身体と腕が一直線になるような姿勢をつくった後、踵と臀部 (腰) が同時につくように長座の姿勢で着床する。着床時、上体はわずかに後ろに倒して、手は腰よりも少し後方に指先が前を向くようにつき、曲げた肘を伸ばしながらベッドを押し、身体を伸ばしながら立つ。

2) 膝落ち (図8)

他の技術習得のために練習時によく利用されることが多い技である。

図7 腰落ち

図8 膝落ち

図9 腹落ち

図10 背落ち

あまり高くない垂直ジャンプから、膝だけを折り曲げた膝立ちの姿勢で着床する。膝から上の身体、視点、腕の振り方など垂直ジャンプとまったく同じである。立つ時は、腕を後ろから前に振り上げながら身体をまっすぐにして立つ。

3) 腹落ち（図9）

腹落ちは垂直ジャンプから横軸を中心に前方に1/4回転して、「腹ばい」の状態で着床する技術である。練習はじめの段階では、垂直ジャンプからの上昇時、いったん膝・腰を曲げながら手で膝を触ってから「腹落ち」を行うと胸、腹、膝が同時に着床する調整方法を身につけやすい。着床時の姿勢としては、腕は肘から先でカタカナの「ハ」の字を書くように曲げ、膝は直角に曲げた姿勢をとる。

4) 背落ち（図10）

背落ちは垂直ジャンプから横軸を中心に後方に1/4回転して、背中から着床する技術である。着床は腰・肩を含めた背中全体で行い、足は膝を伸ばして上体との角度を保つ。頭は顎を引いてベッドにつかないようにし、視点は足先に、腕は肘を伸ばし上体との角度を

図 11　腰落ちー 1/2 捻り・立ち

図 12　1/2 捻り・腰落ち

直角に保つ。立つ時は、曲げていた腰を伸ばすように斜め上方に蹴り、身体を伸ばして立つ。

5. 基本ジャンプ・ドロップの変化技術

1) 腰落ちー 1/2 捻り・立ち（図 11）

「腰落ち」から立つ時に 1/2 捻りを加えて立つ技術である。腰の後ろについた腕で強くベッドを押し、両手を頭上に振り上げながら捻りを加えて立つ。この時、身体と腕が一直線になるように保つことが大切である。

2) 1/2 捻り・腰落ち（図 12）

垂直ジャンプから 1/2 捻りを加えて「腰落ち」で着床する技術である。「1/2 捻り垂直ジャンプ」の要領で捻るようにする。「腰落ち」をするために上体をやや前傾、足を後方に引くような感じで腕を斜め上方に振り上げながら捻ることが大切である。捻りは 1/4 捻りで腕と身体が一直線になるような姿勢を長く保った後、腰を曲げながら 1/4 捻りをして「腰

図13 腰落ち－1/2捻り・腰落ち

落ち」で着床する。

3）腰落ち－1/2捻り・腰落ち（図13）

　腰落ちの着床から上昇しながら腕と身体が一直線になるように両腕を頭上に振り上げながら1/2捻り、再び腰落ちに戻る技術である。腰落ちからの上昇時、腕でベッドを強く押すことと、その後素早く腕を振り上げながら捻りに入るようにする。その際、腰が伸びないと捻りがスムーズに行われないので足先を下に振り下ろすように注意する。なお、腰落ちからの離床時、上体を少し前傾させながら腕を振り上げると、捻った後に正しい腰落ちの着床姿勢がとりやすい。

【文　献】

廣田　遙：廣田遙が教える HOWTO トランポリン（DVD）. イーネットフロンティア, 2010.
大林正憲：トランポリン競技. 道和書院, 1998.

六－10. ゴルフ

1. ゴルフの歴史

　ゴルフの起源については、オランダ、イギリス、フランス、イタリア、中国など諸説があり定説はない。1457年にスコットランド政府が国民にゴルフ禁止令を出したという記録が最古の証拠である。

　1850年にイギリスにあったゴルフクラブの数は24カ所であった。それが、その後50年間の技術革新（道具を大量生産する技術と鉄道網の発達など）と共に大きく変貌した。イギリスでは1901年にPGA（Professional Golf Associateion：プロゴルフ協会）が創設された。アメリカでも1916年にPGAが創設された。アメリカでは1887年に最初のゴルフコースが作られたが、わずか3ホールのコースで、それがその後6ホールのコースにまで広げられたのが始まりである。

　日本にゴルフコースができたのは1901年で、紅茶商人のアーサー・グルーム氏によって神戸の六甲に4ホールのコースがオープンし、それが1903年には9ホールのコースとなり、同時に日本初のゴルフクラブ「神戸ゴルフ倶楽部」が結成された。しかしこのクラブでは、当時日本人はプレーをしていない。日本人がプレーした「日本人のためのゴルフ場と倶楽部」は、1914年6月に東京府荏原郡駒沢村（現東京都世田谷区の駒沢公園）に6ホールで創設された。18ホール、パー72となったのが1926年であった。

2. 心構え

　ゴルフの約束は、「エチケットにはじまりエチケットに終わる」ものである。そのため、ゴルフのルールブックである「ゴルフ規則」の第1章も「エチケット」という項から成文化されている。大まかには、コース上の礼儀として、プレイヤーの邪魔になる言動を慎んだり、前後の組（プレイヤー）に配慮したり、コース内の自然物を保護するなど、速やかで紳士的な配慮をもった進行が望まれている。

　最も重要なことは、安全への配慮である。クラブ（道具）を振って（スイングして）いる人は、それに集中しているので周りに気を配ることが難しい。そこで、周りの人が気を配り、その人に近づかないことが必要となる。また、打球はその跳ね返りも含めて360度どこに飛ぶか予想がつかないため、みているプレイヤーはボールラインよりも後方に待機し、ボールの行方を見守る必要がある。

3. 技　術

1）構え方

（1）グリップ

　一般的には、次の3種類がある。

①オーバラッピング・グリップ

②インターロッキング・グリップ（非力な男性や女性には、インターロッキングがよい）

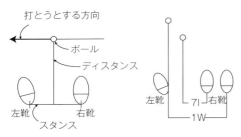
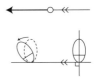

図2 下半身の作業
次の項の「上半身の作業」を行った時、この感覚になるようにする。ボールと立ち位置なども含め、調整が必要になる。

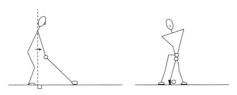

図3 上半身の作業
両肩とグリップで、潰れた三角形ができているか確認する。

③ベースボール・グリップ
(2) アドレス
①ボールに対する立ち位置（図1）
・基本的に、ドライバーとそれ以外のクラブで、立ち位置や足幅が異なる。
②下半身の作業（図2）
・左靴はつま先をやや左向きに開き、右靴は飛球方向に対しスクエア（直角）になるよう構える。
・膝は、強風が吹いてもふらつかない程度に曲げる。
・体重は、足裏土踏まずにあるような全体のバランスにする。
③上半身の作業（図3）
・上体は背筋を伸ばしたまま、股関節から折るように前屈する。
・腕は肩からの垂線より手前側（身体に近く）ならないよう気をつける。
・両肩前部を結ぶ直線は、飛球線方向（目標方向）を指すようにする。
・この時、右手がグリップのヘッド寄り（身体から遠い部分）を握っているので、右肩は左肩より下がった状態になる。
・グリップの親指と人差し指の間にできる "V字" は、左手のVは顎を指し、右手のVは右肩を指す。
・肘は内側（曲げた時の内側）を空に向ける。左肘は伸ばし、右肘は胸側に絞り込むようにする。

 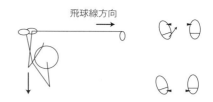

図4 バック・スイング　　　　**図5　トップ・オブ・スイング**
　　　　　　　　　　　　　　　体重位置がつま先寄りだと、左踵は上がりやす
　　　　　　　　　　　　　　　く、体重がかかと寄りだと、左踵は上がりにくい。

・ボールを見る利き目を把握する。できれば左目で見るとヘッドアップというミスが起こりにくい。

2) スイング
(1) バック・スイング (図4)
・アドレスでつくった構えを崩さないよう、肩の動きで右方向に捻転をスタートする。クラブヘッドは、プレー線の延長線上をなぞるよう肩で始動する。
・スイング軌道は、首付根とボールを結ぶ線上を通り、プレー線と平行な板をイメージし、この板を摩るような動きでトップの位置まで動き続ける。
・次第に腹筋に負荷がかかり、苦しく感じられなければならない。
・慣れてきたら、フォアードプレス(手や腕、足など、スイングのスタートのきっかけとして、身体の一部を動かす。身体に対する「スタート信号」として大切になる)を入れてからバック・スイングをスタートするようにする。
(2) トップ・オブ・スイング (図5)
・バック・スイングの最後であり、ダウン・スイングの最初でもある、大切な場面。
・クラブは右肩上方に担ぐようなイメージとなる。クラブシャフトは、プレー線と平行となったところで静止することが多い。
・この時、左手親指がクラブを支え、右肘は地面を指すようになる。
・左肩越しにボールを見るが、胸を張ったり背筋を沿ったりしないよう注意する。
・体重は、ほぼ全体が右足に乗るようになるが、右膝が右にわれて(動いて)腹筋が楽にならないよう注意する。
・左踵は地面から離れても構わないが、つま先までもが離れるとボールとの位置関係が変わるので、なるべくベタ足で動くよう意識するくらいでよい。
(3) ダウン・スイング (図6)
・ダウン・スイングのスタートのきっかけは、左手小指にあるクラブのグリップエンドが、地面に向かって始動するよう肩を回転しはじめる。
・右肘は、ズボンの右ポケットに向かうよう、身体に沿って摺り下ろすよう肩を回転する。

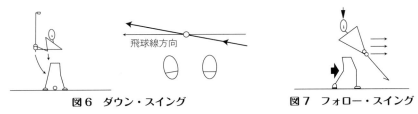

図6 ダウン・スイング　　　　　　　　　**図7 フォロー・スイング**

・左腕とシャフトのなす角度（手首の溜め）を保つよう肩を回転する。
・インパクト（打球の瞬間）のフォームは、腰も肩も飛球線方向に開いた状態となる。その時、手首の溜めは解放され、左肩からヘッドまでが一直線の状態になる。

(4) フォロー・スイング（図7）
・ダウン・スイングが正しければ、その勢いでできるフォームは修正する必要はない。
・インパクトで余って（たたんで）いた右肘が伸び、両腕と肩による三角形ができ、その三角形が左肩に向かって上昇してくるイメージとなる。
・フィニッシュの手前まで上体の前傾を保ち、身体の回転が限界にくる頃、上体は起き上がっていきながら、止まるための衝撃吸収の役目を果たす。フォームをつくろうとして力まないことが大切。

4. コースの構成（図8）

コースの構成とその名前を覚える。

1）ジェネラルエリア

コース内のすべてのハザードと、現にプレーしているホールのティグラウンドとグリーンを除いた区域を指す。

(1) フェアウェイ
芝生が短く刈り込んであり、そこからの次打が打ちやすくなっている。

(2) ラフ
芝生や雑草を長く伸ばしており、次打を打ち難くしている。また、ボールが転がりすぎてOBにならない役目も果たしている。

2）アウトオブバウンズ（OB）

プレーが禁止されている区域。略してOBという。その区域は、白色の杭や柵または白線で示される。罰打は1ストローク（打）で、次打は元の位置からとなる。

3）ティイングエリア

各ホールのスタート場所で、一対のマークで示される。プレイヤーの性別、年齢、技術

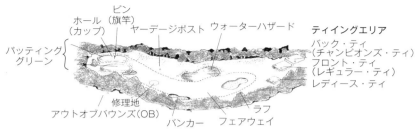

図8 コースの構成

レベルによってホールカップからの距離を変える役目をし、距離的ハンデをなくしてゲームができるよう補助している。

(1) バック・ティ（チャンピオンズ・ティ）

　男子の競技、上級者の練習用に使用する。通常青色や黒色で示される。

(2) フロント・ティ（レギュラー・ティ）

　シニアと女子の競技、一般男子の練習に使用する。通常白色で示される。

(3) レディース・ティ

　女子の練習用に使用する。通常赤色で示される。

(4) シニア・ティ

　55歳以上のプレーヤーが使用することが多い。銀色その他の色で示される。

4）バンカー

　窪地に砂が入れてあり、ボールを打ち難くしてある。打つ前にクラブは砂に触れてはならないというルールが難しくさせている。打つ前に触れると罰打1。

　グリーンの周りにあるものをサイドバンカー、ガードバンカー、フェアウエーの中にあるものをフェアウエーバンカーと呼ぶ。

　ハザードには含まれないが、長い芝生や雑草で覆って打ち難くしているグラスバンカーと呼ぶエリアもある。

5）ペナルティーエリア

　海や湖、池、川などの水域で（水の有無は関係なく）、黄色の杭や線で示される区域。この区域にボールが止まり次打が打てない場合は、罰打1で救済処置をとる。

6）パッティンググリーン

　ここにはゴルフの目標地点（ボールを入れる穴）がある。正しい表現はホールであるが、埋め込んだ円筒状の道具がそのまま代名詞として使われ、カップと呼ばれることが多い。

　そのホールをフィニッシュするためにパッティングをする区域で、他の区域に比べても

特に短く芝生を刈り込んだ状態にしてある。本来はホールとグリーンは1つであるが、日本では芝生の保護・養生のために、2つのグリーンを設置している場合が多い。設計の基本となっている方を本グリーン、もう一方をサブグリーンと呼び、総称してグリーンという。

芝の種類は、近年配合を重ねさまざまな種類の芝が開発されている。ベント芝は、主として冬場によい状態となる。一定方向に目をつくらず、地下の水脈に影響される。1年中緑を絶やさないが、夏の暑さや水分によって病気になったり枯れたりしやすい。

※修理地

コース内の芝の張り替えなど工事中の区域。通常その区域は、青色の杭や白線で示される。また、標示がなくとも、他に移すために積み上げられてある物やグリーン・キーパーがつくった穴も同じ扱いとなる。罰打はない。

※ヤーデージポスト

コースの途中からグリーンまでの残りの距離を表している。一般的に、2本線の杭から残り150y（ヤード）、1本線が残り100yを示している。

六-11. スキー

1. スキーの魅力

　現在のスキーは、多様化が進んでおり、バックカントリーでパウダースノーを楽しんだり、ポールを滑るレース、ハーフパイプを飛んだり跳ねたりとさまざまなジャンルのスキーが存在する。スキーの楽しみ方もゲレンデを滑るだけではなく、旅行としての楽しみ方もある。スキー場の周辺には温泉施設が併設されているところが多く、スノースポーツ後の疲れを癒してくれる。また、大自然が創り出す風景も私たちを楽しませてくれる。さらに自然の中で行われるため、斜面、雪質、スピードなど条件・環境が常に変化する。これらもスキーの魅力のひとつであり、技術習得の喜びも大きくなる。

2. スキーを安全に行うために
【スキー安全10則】

①準備運動を忘れずに	⑦安全締具も調整次第
②無理なスピード事故のもと	⑧服装整え安全第一
③自信過剰は怪我のもと	⑨もう一回、そこがスキーのやめどころ
④睡眠不足は怪我のもと	⑩事故なら無理しないこと
⑤止まるな、休むなコースの中で	
⑥割り込みや無理な追い越しはやめましょう	

図1　スキーの装備

3. 滑 走

1) プルークでの制動（図2）

スキーのテールを大きく開いてプルーク（ハの字）でブレーキをかける。スキーの後方にからだをおくことで、より効率的に止まれる。

2) プルークボーゲン（制動）（図3）

プルークスタンス（ハの字）を維持し、ターンの外スキーで雪面抵抗を受けるようにする。状態の姿勢をあまり崩さないようにしながら、交互に外スキーに荷重していく。テールを押し出す回旋の動きが加わるとより洗練されていく。

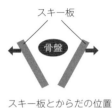

図2　プルークでの制御

図3　プルークボーゲン（制動）

図4 基礎パラレルターン大回り

図5 パラレルターン大回り

3) 基礎パラレルターン大回り（図4）

　スキー全体を荷重するようにして角付けを強めていき、スキーのたわみを引き出し、サイドカーブを効果的に使った横ずれの少ないエッジングに近づける。スピードアップをすると操作しやすい。

4) パラレルターン大回り（図5）

　平行スタンスをあまり変えずに、からだの位置を前のターンの内側から次のターンの内側に移動させることで外スキーのエッジの角度をコントロールする。ロングコースをクルージングする場合に有効な滑りである。

図6 パラレルターン小回り

5) パラレルターン小回り（図6）

　上体の向きは進行方向に向けるが、腰の向きはスキーの方向に向いても構わない。肩のラインは進行方向へキープする。からだに対してスキーの位置を動かすことでターン弧を描く。荷重動作にあわせてストックを突くことで、エッジグリップの度合いが高まる。

4. スキー用語

エッジ：スキーのソールの両サイドについている金属部分。
サイドカーブ：スキー板のサイドの曲線。または回転半径。
フォールライン：斜面上で物体が真下に向かって落下していく方向。
重心（身体重心）：人体の各部分に働く重力が1つに集まる点で質量中心と一致する。
荷重：雪面に力を働きかけること。スキーに体重を乗せていくこと。
角付け：エッジを雪面に立てること。
回旋：スキーの向きを進行方向に対して、回転の内側に向けていく操作。
エッジング：荷重、角付け、回旋の操作を調節して雪面に働きかけること。
切りかえ：ターンとターンのつなぎの部分で、からだを前のターンの内側から次のターンの内側へ入れ換える動き。

表1　全日本スキー連盟公認スキーバッチテスト基準

級別テスト	実技テスト種目	斜面設定	評価の観点	採点基準
1級	パラレルターン・大回り 基礎パラレルターン・小回り パラレルターン・小回り 横すべり	ナチュラル・急斜面 ナチュラル・中斜面 不整地・急斜面 ナチュラル・急斜面	状況・条件に対応して滑る能力 ①ターン運動の構成：ポジショニングとエッジング	実技テストは、検定員3名の評価とし、3名の平均値を当該種目の取得ポイントとする。実技種目1種目当たり100ポイントとし、4種目の評価の合計が280ポイント以上をもって合格とする。
2級	パラレルターン・大回り 基礎パラレルターン・小回り シュテムターン	ナチュラル・中急斜面 ナチュラル・中斜面 ナチュラル・中斜面	②斜面状況への適応度：スピードと回転弧の調整 ③運動の質的内容：バランス・リズム・タイミング	実技テストは、検定員3名の評価とし、3名の平均値を当該種目の取得ポイントとする。実技種目1種目当たり100ポイントとし、3種目の評価の合計が195ポイント以上をもって合格とする。
3級	パラレルターン・大回り シュテムターン	整地の緩・中斜面	状況・条件に対応して滑る能力 ①ターンの構成 ②斜面状況への適応度 ③運動の質的内容	実践講習テストとし、公認検定員が講習の中で「傾斜地における移動技術」の回転技術を指導し、その運動課題の到達度を評価する。実技種目1種目当たり100ポイントとし、2種目の評価の合計が120ポイント以上をもって合格とする。
4級	プルークボーゲンによるリズム変化	整地の緩・中斜面	状況・条件に対応して滑る能力 ①ターンの構成 ②斜面状況への適応度 ③制動技術の習得	実践講習テストとし、公認検定員が講習の中で「傾斜地における移動技術」の回転技術を指導し、その運動課題の到達度を評価する。実技種目1種目当たり100ポイントとし、1種目の評価の合計が4級：55ポイント以上、5級：50ポイント以上をもって合格とする。
5級	プルークボーゲン	整地の緩・緩斜面		

【文　献】

公益財団法人全日本スキー連盟：資格検定受検者のために　2019年度版．山と渓谷社，2018.
渡辺一樹：渡辺一樹が教えるいまどきのスキーテクニック．山と渓谷社，2013.

六-12. インディアカ

1. インディアカの歴史と概要

インディアカは、ドイツにおいて考案されたゲームである。最初のインディアカゲームは、1930年代末にドイツのケルン市にあるドームという町に近いスポーツシューレ（学校）において行われた。

「その指導者」はスポーツ教師のカールハンス・クローンだったが、彼は1936年（昭和11年）にブラジル旅行した際、リオデジャネイロにあるコパカバーナ海岸で何人かのブラジル人が、色とりどりの羽がついたものを打ち合って遊んでいるのをみかけた。これが後にインディアカのもとになる、ブラジルの伝統的なゲーム「ペテカ（Peteca）」であった。カールハンス・クローンは、ドイツに帰るとペテカをもとに新しいスポーツができないかと考え、ルールを制定し、ペテカの用具に改良を加え、インディアカのゲームを考案したのである。また、「インディアカ」の名前の由来は、インディアカのもとになったペテカは南アメリカのインディオの間で行われていたとされ、「インディアン」と「ペテカ」の2つの語を組み合わせて「インディアカ」と命名された。

インディアカは羽根の付いた特殊なボール（インディアカボール）を手で打ち合う、バレーボールタイプのスポーツである。このインディアカボールは、ラケットなどを用いずに直接手で打ち合うことが大きな特徴である。

ゲームのルールは、2つのチームがボールをネット越しにボレーしあい、相手のミスによって得点となるボールゲームの形式である。ボールはあくまでも空中で打ち返しあい、テニスや卓球のようにバウンドさせることは（ボールの性質からも）できず、ラリーゲームとしては、バドミントン、バレーボールに近いルールである。

この種のゲームの楽しさの原点は、ラリーを長く続けることである。インディアカのボールは、スポーツやボールゲームにまったくの初心者でも、容易に打ったり、打ち返したりしやすく、ラリーゲームを楽しむことができる。しかも、ラケットなどの道具を使わず、手で直接打つために技術の習得が比較的簡単であり、上達するにつれて相手の不意をつく、すばやいプレー、ボールの強弱による不規則な攻撃、パスや返球のタイミングを変えることや、ネット際での攻防など、高度なプレーによる競技を楽しむこともできる。

ボールに付いている羽根は、小さいボールの滞空時間を長引かせることとボールをねらった方向にまっすぐにとばすことができる両面の作用がある。したがって、意図した方向に速いスピードで飛ばすことも、ゆっくりと飛ばすこともできる。しかも、直接手で打つために、よりコントロールしやすく扱いやすいという特長がある。特に羽根によってスピードが緩和されることは、たとえボールに不慣れな初心者であっても、恐怖心を覚えずにプレーに加わることができ、安全性も高く、初心者に「優しい」スポーツである。

このようなボールの持つ特徴によって、インディアカは初心者から熟練者まで様々なレベルの人たちが、遊技的なゲームから高度な競技にいたるまで、多様なゲームを行うことができる。またそれとともに、「子ども、青年、婦人、中・高齢者など、年齢、性別」を

問わず幅広い人たちが、能力や体力に応じて、行うことができる。これも大きな特徴といえる。

　インディアカのプレーは、全身運動として大きな運動効果があるが、各自の体力や身体の状態によって運動量を調整することが可能である。そしてあらゆる人たちに、身体と心の緊張とリラックスを経験させ、健康の維持増進に役立つ。このように、インディアカは、生涯に渡り続けることのできる競技特性もあり、競技スポーツだけでなく生涯スポーツとしての、優れた特徴をもつスポーツなのである。

2. 基本的なルールおよび方法

1）人数

　「コート」内1チームの競技者は4名（男女混合は2〜3名の女子がいること）で、交替競技者を他に4名まで置くことができる。

2）得点

　インディアカボールを相手側コートに落とすか、相手の反則により得点となる。

3）競技者の位置

　コート内の競技者は、前列3名、後列1名に分かれ、左右及び前後の競技者は足が触れ合わないように位置する。

4）ゲームの進め方

①ジャンケンで勝ったチームがサービスかコートのいずれかを選択する。

②両チームはインディアカボールを自陣コート内の床面に落とさないように、ネットを越して互いに片手（肘から先の部位）で打ち合う。

③競技は、各セット21点を1セットとして3セットマッチで行い、2セット先取したチームが勝者となる。20対20になった場合は、ジュースに入り、その後2点勝ち越したチームがそのセットの勝者となる。得点は、ラリーポイント制とする。

④コートはセットごとに交替する。第3セットに限り、いずれかのチームが11点先取したとき交替を行う。そのときサービス権は移行せず、交替時のまま続行する。

5）反則《反則名》

　以下の場合、相手に得点が入る。

①インディアカボールが自コート内の床面に触れた（落ちた）とき。

②サーバーの順番に誤りが発見されたとき。

③同一チームの競技者が、4回以上続けてプレーしたとき。《オーバータイムス》

④インディアカボールが、競技者の手あるいは腕などに静止したとき。すくったり、持ち上げたり、押しつけたりして、明瞭に打たなかったとき。《ホールディング》

⑤インディアカボールを、肘より先の部位以外でプレーしたとき、及び両手で同時にプレーしたとき。ただし、ブロックは両手を使っても良い。

⑥同一競技者が2回以上続けてインディアカボールに触れたとき。《ドリブル》ただし、インディアカがネットに触れたときは、続けて1回だけプレーできる。

⑦サーブを打つ選手（サーバー）を除く競技者が、サービス時にコート外に出ていたとき。《コートアウト》

⑧プレー中に競技者の身体または衣服がネットに触れたとき。《タッチネット》ただし、インディアカボールがネットに触れて、ネットを押し、反対側の競技者に触れた場合は、タッチネットにはならない。

⑨競技がインプレーのとき、プレーヤーはセンターラインを踏み越えてはならない。

⑩相手側コートにあるインディアカにネットを越えて触れたとき。《オーバーネット》ただし、アタックしたのちに手がネットを越えた場合はオーバーネットにはならない。

⑪インディアカボールが、ネットを完全に通過しなかったとき。《アウトオブバウンズ》

⑫インディアカボールをネットに引っかけてしまったとき。

⑬インディアカボールが、コートの外の地面や物体に触れたとき。または、支柱に触れたり、ネットの下を通過したとき。ネットの外側のセンターライン想像延長線上を超えた瞬間。《アウト・オブ・バウンズ》

⑭サービスを行う瞬間に、サーバーがエンドラインに触れるか、踏み越えたとき。《フットフォールト》

6）打球回数

①インディアカボールは、3回以内のプレーによって相手側コートに返す。ただし、インディアカボールがネットに触れたときはもう1回プレーできるが、5回以上プレーすることはできない。また、インディアカボールがネットに触れたのが1回～3回の何回目のプレーであっても、4回まではプレーすることができる。

②同一チームの2人の競技者が、同時にインディアカボールに触れた場合は、ブロッキングを除き、2回プレーしたものとして数える。ブロックに限り、インディアカボールが2人以上の競技者に触れたとしても、1回のプレーと数える。チームのブロックプレー後、ブロック競技者が続いてインディアカボールに触れても構わない。

③同じ競技者が2度続けてインディアカボールに触れてはならない。ただし、ブロッキングとネットプレーをしたときは構わない。

7）サービス

①サービスとは、後列右の競技者が、自コートのエンドライン右半分の後方から、インディアカの台を手で持ち、もう一方の手のアンダーハンドで相手側コート内に打ち込むプレーをいう。

②サービスは1回しかできない。ただし、ネットに触れて相手側コート内に入ったときは

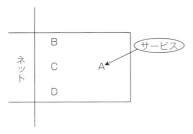 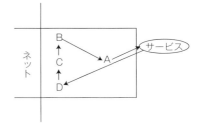

図1 競技者の位置　　　　　　　　　　**図2 位置の移動**

レットとなり、再びサービスを行う。また、レットが連続した場合も再度サービスを行うことができる。
③サーバーがインディアカを手から離して地上に落としても、身体に触れていない場合は、サービスを1回だけやり直すことができる。
④第2セット以降の最初のサービスは、前セットで最初のサービスをしなかったチームが行う。
⑤サービスは後列に位置する競技者がコートのエンドラインの外側からアンダーハンドで行う。
⑥サービスは1回とし、インディアカボールがネットに触れた場合は失敗となる。また、相手側に得点されるまで同じ競技者がサービスを行う。

8) 競技者の位置及びローテーション
①サーバーがインディアカボールを打った瞬間に、それぞれのチームはネットに沿って3人が列を、その3人の列に対して後方に1人が各々自コート内に位置してなければならない（図1）。
②サービス権を得たチームは、直ちに時計の針と同じ方向へ、メンバーの位置を1つずつ移動する（図2）。

3. 用 具
1) インディアカボール
約23cmの赤い羽根が特徴である。羽根の抵抗を利用してゆっくりと打ち合うことも可能（図3）。

2) コート
6.10m×13.40mの長方形でバドミントンコートと同じサイズである（図4）。

図3 インディアカボール

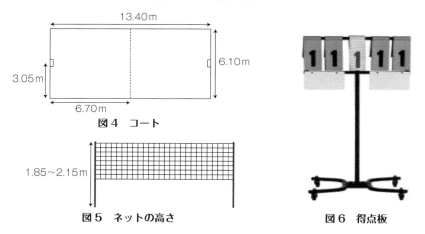

図4 コート

図5 ネットの高さ

図6 得点板

3) ネットの高さ

ネットの高さは、①シニア女子 1.85m、②シニア男女混合と女子 2.00m、③男女混合と男子 2.15m である (図5)。

4) 得点板

得点板については、他の競技のものを代用することも可能 (図6)。

2017年9月1日付でインディアカの競技規則の一部改訂 (表記、運用変更等) が行われた (一般社団法人日本インディアカ協会発表)。本稿では、ゲームを進めるにあたり大きな影響がないことから、2012年4月1日付改訂のインディアカのルールを記載している。

【文 献】

日本インディアカ協会:インディアカ. 日本レクリエーション協会. 2003.
苅宿俊文:インディアカ-ふだん着でできる新・学校のスポーツ①-. 偕成社, 2000.

各種目統括団体 HP

◆**全日本剣道連盟**
https://www.kendo.or.jp

◆**公益財団法人　日本バスケットボール協会**
http://www.japanbasketball.jp/jba

◆**公益財団法人　日本バレーボール協会**
http://www.jva.or.jp

◆**公益財団法人　日本サッカー協会**
http://www.jfa.jp

◆**一般財団法人　日本フットサル連盟**
http://www.jff-futsal.or.jp

◆**一般財団法人　ジャパンタッチ協会**
http://www.japantouch.jp/referee/rule

◆**一般社団法人　日本フライングディスク協会：アルティメット**
http://www.jfda.or.jp/introduction/ultimate

◆**公益財団法人　日本ソフトボール協会**
http://www.softball.or.jp

◆**公益財団法人　日本野球連盟**
http://www.jaba.or.jp

◆**公益財団法人　日本バドミントン協会**
http://www.badminton.or.jp

◆**公益財団法人　日本卓球協会**
http://www.jtta.or.jp

◆**公益財団法人　日本体操協会：トランポリン**
http://www.jpn-gym.or.jp/trampoline

◆**公益財団法人　日本ゴルフ協会**
http://www.jga.or.jp/jga/jsp/index.html

◆**公益財団法人　全日本スキー連盟**
http://www.ski-japan.or.jp/official/saj/index.html

◆**一般社団法人　日本インディアカ協会**
http://www.japan-indiaca.com

2015年 3 月 1 日	第1版第1刷発行
2016年 5 月 10 日	第2刷発行
2019年 3 月 10 日	第2版第1刷発行
2022年 5 月 10 日	第2刷発行

健康科学・生涯スポーツ必携　第2版
定価(本体1,500円+税)

検印省略

編著者　石濱 慎司
発行者　太田 康平
発行所　株式会社　杏林書院
　　　　〒113-0034　東京都文京区湯島4-2-1
　　　　Tel　03-3811-4887(代)
　　　　Fax　03-3811-9148

© S.Ishihama

http://www.kyorin-shoin.co.jp

ISBN 978-4-7644-1595-9　C3037
Printed in Japan
乱丁・落丁の場合はお取り替えいたします.

印刷・製本：三報社印刷

・本書の複製権・翻訳権・上映権・譲渡権・公衆送信権（送信可能化権を含む）
は株式会社杏林書院が保有します.
・ JCOPY ＜（社）出版者著作権管理機構　委託出版物＞
　本書の無断複製は著作権法上での例外を除き禁じられています.　複製される場合
は，そのつど事前に，（社）出版者著作権管理機構（電話 03-5244-5088, FAX
03-5244-5089, e-mail：info@jcopy.or.jp）の許諾を得てください.

諸　届　欄

	月	日	曜日	検印
件　名				
				印

	月	日	曜日	検印
件　名				
				印

	月	日	曜日	検印
件　名				
				印

	月	日	曜日	検印
件　名				
				印

	月	日	曜日	検印
件　名				
				印

諸　届　欄

	月	日	曜日	検印
件　名				
				印

	月	日	曜日	検印
件　名				
				印

	月	日	曜日	検印
件　名				
				印

	月	日	曜日	検印
件　名				
				印

	月	日	曜日	検印
件　名				
				印

諸　届　欄

	月	日	曜日	検印

件　名

印

	月	日	曜日	検印

件　名

印

	月	日	曜日	検印

件　名

印

	月	日	曜日	検印

件　名

印

	月	日	曜日	検印

件　名

印

出席票 1

科目名：＿＿＿＿＿＿

＿＿＿月＿＿＿日

氏名＿＿＿＿＿

学科＿＿＿年次

（＿＿＿組＿＿＿番）先生）

遅・早・見・忘

出席票 2

科目名：＿＿＿＿＿＿

＿＿＿月＿＿＿日

氏名＿＿＿＿＿

学科＿＿＿年次

（＿＿＿組＿＿＿番）先生）

遅・早・見・忘

出席票 3

科目名：＿＿＿＿＿＿

＿＿＿月＿＿＿日

氏名＿＿＿＿＿

学科＿＿＿年次

（＿＿＿組＿＿＿番）先生）

遅・早・見・忘

出席票 4

科目名：＿＿＿＿＿＿

＿＿＿月＿＿＿日

氏名＿＿＿＿＿

学科＿＿＿年次

（＿＿＿組＿＿＿番）先生）

遅・早・見・忘

出席票 5

科目名：＿＿＿＿＿＿

＿＿＿月＿＿＿日

氏名＿＿＿＿＿

学科＿＿＿年次

（＿＿＿組＿＿＿番）先生）

遅・早・見・忘

出席票 6

科目名：＿＿＿＿＿＿

＿＿＿月＿＿＿日

氏名＿＿＿＿＿

学科＿＿＿年次

（＿＿＿組＿＿＿番）先生）

遅・早・見・忘

出席票 7

科目名：＿＿＿＿＿＿＿＿＿＿

＿＿＿月＿＿＿日　（＿＿＿＿先生）

氏名＿＿＿＿＿　学科＿＿＿年次＿＿＿組＿＿＿番

遅・早・見・忘

出席票 8

科目名：＿＿＿＿＿＿＿＿＿＿

＿＿＿月＿＿＿日　（＿＿＿＿先生）

氏名＿＿＿＿＿　学科＿＿＿年次＿＿＿組＿＿＿番

遅・早・見・忘

出席票 9

科目名：＿＿＿＿＿＿＿＿＿＿

＿＿＿月＿＿＿日　（＿＿＿＿先生）

氏名＿＿＿＿＿　学科＿＿＿年次＿＿＿組＿＿＿番

遅・早・見・忘

出席票 10

科目名：＿＿＿＿＿＿＿＿＿＿

＿＿＿月＿＿＿日　（＿＿＿＿先生）

氏名＿＿＿＿＿　学科＿＿＿年次＿＿＿組＿＿＿番

遅・早・見・忘

出席票 11

科目名：＿＿＿＿＿＿＿＿＿＿

＿＿＿月＿＿＿日　（＿＿＿＿先生）

氏名＿＿＿＿＿　学科＿＿＿年次＿＿＿組＿＿＿番

遅・早・見・忘

出席票 12

科目名：＿＿＿＿＿＿＿＿＿＿

＿＿＿月＿＿＿日　（＿＿＿＿先生）

氏名＿＿＿＿＿　学科＿＿＿年次＿＿＿組＿＿＿番

遅・早・見・忘

出席票 13

科目名：＿＿＿＿＿＿＿

氏名＿＿＿＿＿＿＿

＿＿月＿＿日＿＿限

学科＿＿年次（＿＿組＿＿番）先生

遅・早・見・忘

出席票 14

科目名：＿＿＿＿＿＿＿

氏名＿＿＿＿＿＿＿

＿＿月＿＿日＿＿限

学科＿＿年次（＿＿組＿＿番）先生

遅・早・見・忘

出席票 15

科目名：＿＿＿＿＿＿＿

氏名＿＿＿＿＿＿＿

＿＿月＿＿日＿＿限

学科＿＿年次（＿＿組＿＿番）先生

遅・早・見・忘

出席票 16

科目名：＿＿＿＿＿＿＿

氏名＿＿＿＿＿＿＿

＿＿月＿＿日＿＿限

学科＿＿年次（＿＿組＿＿番）先生

遅・早・見・忘

出席票 17

科目名：＿＿＿＿＿＿＿

氏名＿＿＿＿＿＿＿

＿＿月＿＿日＿＿限

学科＿＿年次（＿＿組＿＿番）先生

遅・早・見・忘

出席票 18

科目名：＿＿＿＿＿＿＿

氏名＿＿＿＿＿＿＿

＿＿月＿＿日＿＿限

学科＿＿年次（＿＿組＿＿番）先生

遅・早・見・忘

出席票 19

科目名：＿＿＿＿＿　＿＿＿月＿＿＿日＿＿＿限

氏名＿＿＿＿＿　学科＿＿＿年次＿＿＿組＿＿＿番

（＿＿＿＿＿先生）　遅・早・見・忘

出席票 20

科目名：＿＿＿＿＿　＿＿＿月＿＿＿日＿＿＿限

氏名＿＿＿＿＿　学科＿＿＿年次＿＿＿組＿＿＿番

（＿＿＿＿＿先生）　遅・早・見・忘

出席票 21

科目名：＿＿＿＿＿　＿＿＿月＿＿＿日＿＿＿限

氏名＿＿＿＿＿　学科＿＿＿年次＿＿＿組＿＿＿番

（＿＿＿＿＿先生）　遅・早・見・忘

出席票 22

科目名：＿＿＿＿＿　＿＿＿月＿＿＿日＿＿＿限

氏名＿＿＿＿＿　学科＿＿＿年次＿＿＿組＿＿＿番

（＿＿＿＿＿先生）　遅・早・見・忘

出席票 23

科目名：＿＿＿＿＿　＿＿＿月＿＿＿日＿＿＿限

氏名＿＿＿＿＿　学科＿＿＿年次＿＿＿組＿＿＿番

（＿＿＿＿＿先生）　遅・早・見・忘

出席票 24

科目名：＿＿＿＿＿　＿＿＿月＿＿＿日＿＿＿限

氏名＿＿＿＿＿　学科＿＿＿年次＿＿＿組＿＿＿番

（＿＿＿＿＿先生）　遅・早・見・忘

出席票 25

科目名：＿＿＿＿　＿＿月＿＿日＿＿限

氏名＿＿＿＿　学科＿＿＿＿　年次　（＿＿組＿＿番　先生）　遅・早・見・忘

出席票 26

科目名：＿＿＿＿　＿＿月＿＿日＿＿限

氏名＿＿＿＿　学科＿＿＿＿　年次　（＿＿組＿＿番　先生）　遅・早・見・忘

出席票 27

科目名：＿＿＿＿　＿＿月＿＿日＿＿限

氏名＿＿＿＿　学科＿＿＿＿　年次　（＿＿組＿＿番　先生）　遅・早・見・忘

出席票 28

科目名：＿＿＿＿　＿＿月＿＿日＿＿限

氏名＿＿＿＿　学科＿＿＿＿　年次　（＿＿組＿＿番　先生）　遅・早・見・忘

出席票 29

科目名：＿＿＿＿　＿＿月＿＿日＿＿限

氏名＿＿＿＿　学科＿＿＿＿　年次　（＿＿組＿＿番　先生）　遅・早・見・忘

出席票 30

科目名：＿＿＿＿　＿＿月＿＿日＿＿限

氏名＿＿＿＿　学科＿＿＿＿　年次　（＿＿組＿＿番　先生）　遅・早・見・忘

出席票 31	出席票 32
科目名：＿＿＿＿＿＿＿月＿＿日　限	科目名：＿＿＿＿＿＿＿月＿＿日　限
氏名＿＿＿＿＿＿＿学科＿＿年次（＿＿組＿＿番＿＿先生）遅・早・見・忘	氏名＿＿＿＿＿＿＿学科＿＿年次（＿＿組＿＿番＿＿先生）遅・早・見・忘

出席票 33	出席票 34
科目名：＿＿＿＿＿＿＿月＿＿日　限	科目名：＿＿＿＿＿＿＿月＿＿日　限
氏名＿＿＿＿＿＿＿学科＿＿年次（＿＿組＿＿番＿＿先生）遅・早・見・忘	氏名＿＿＿＿＿＿＿学科＿＿年次（＿＿組＿＿番＿＿先生）遅・早・見・忘

出席票 35	出席票 36
科目名：＿＿＿＿＿＿＿月＿＿日　限	科目名：＿＿＿＿＿＿＿月＿＿日　限
氏名＿＿＿＿＿＿＿学科＿＿年次（＿＿組＿＿番＿＿先生）遅・早・見・忘	氏名＿＿＿＿＿＿＿学科＿＿年次（＿＿組＿＿番＿＿先生）遅・早・見・忘

出席票 37

科目名：＿＿＿＿＿＿＿＿＿＿＿＿＿＿＿

氏名 ＿＿＿＿＿＿＿＿＿＿

学籍 ＿＿＿＿ 年次 ＿＿＿＿ 組 ＿＿＿＿ 番

＿＿＿＿ 月 ＿＿＿＿ 日 （＿＿＿＿ 先生）遅・早・見・忘

出席票 38

科目名：＿＿＿＿＿＿＿＿＿＿＿＿＿＿＿

氏名 ＿＿＿＿＿＿＿＿＿＿

学籍 ＿＿＿＿ 年次 ＿＿＿＿ 組 ＿＿＿＿ 番

＿＿＿＿ 月 ＿＿＿＿ 日 （＿＿＿＿ 先生）遅・早・見・忘

出席票 39

科目名：＿＿＿＿＿＿＿＿＿＿＿＿＿＿＿

氏名 ＿＿＿＿＿＿＿＿＿＿

学籍 ＿＿＿＿ 年次 ＿＿＿＿ 組 ＿＿＿＿ 番

＿＿＿＿ 月 ＿＿＿＿ 日 （＿＿＿＿ 先生）遅・早・見・忘

出席票 40

科目名：＿＿＿＿＿＿＿＿＿＿＿＿＿＿＿

氏名 ＿＿＿＿＿＿＿＿＿＿

学籍 ＿＿＿＿ 年次 ＿＿＿＿ 組 ＿＿＿＿ 番

＿＿＿＿ 月 ＿＿＿＿ 日 （＿＿＿＿ 先生）遅・早・見・忘

出席票 41

科目名：＿＿＿＿＿＿＿＿＿＿＿＿＿＿＿

氏名 ＿＿＿＿＿＿＿＿＿＿

学籍 ＿＿＿＿ 年次 ＿＿＿＿ 組 ＿＿＿＿ 番

＿＿＿＿ 月 ＿＿＿＿ 日 （＿＿＿＿ 先生）遅・早・見・忘

出席票 42

科目名：＿＿＿＿＿＿＿＿＿＿＿＿＿＿＿

氏名 ＿＿＿＿＿＿＿＿＿＿

学籍 ＿＿＿＿ 年次 ＿＿＿＿ 組 ＿＿＿＿ 番

＿＿＿＿ 月 ＿＿＿＿ 日 （＿＿＿＿ 先生）遅・早・見・忘

出席票 43

科目名：＿＿＿＿＿＿　＿＿月＿＿日（＿＿＿先生）

氏名＿＿＿＿　学科＿＿＿　年次＿＿＿　組＿＿＿番

遅・早・見・忘

出席票 44

科目名：＿＿＿＿＿＿　＿＿月＿＿日（＿＿＿先生）

氏名＿＿＿＿　学科＿＿＿　年次＿＿＿　組＿＿＿番

遅・早・見・忘

出席票 45

科目名：＿＿＿＿＿＿　＿＿月＿＿日（＿＿＿先生）

氏名＿＿＿＿　学科＿＿＿　年次＿＿＿　組＿＿＿番

遅・早・見・忘

出席票 46

科目名：＿＿＿＿＿＿　＿＿月＿＿日（＿＿＿先生）

氏名＿＿＿＿　学科＿＿＿　年次＿＿＿　組＿＿＿番

遅・早・見・忘

出席票 47

科目名：＿＿＿＿＿＿　＿＿月＿＿日（＿＿＿先生）

氏名＿＿＿＿　学科＿＿＿　年次＿＿＿　組＿＿＿番

遅・早・見・忘

出席票 48

科目名：＿＿＿＿＿＿　＿＿月＿＿日（＿＿＿先生）

氏名＿＿＿＿　学科＿＿＿　年次＿＿＿　組＿＿＿番

遅・早・見・忘

出席票 49

科目名：＿＿＿＿　＿＿月＿＿日＿＿限　　遅・早・見・忘

氏名＿＿＿＿　学科＿＿　年次＿＿　（＿＿組＿＿番　先生）

出席票 50

科目名：＿＿＿＿　＿＿月＿＿日＿＿限　　遅・早・見・忘

氏名＿＿＿＿　学科＿＿　年次＿＿　（＿＿組＿＿番　先生）

出席票 51

科目名：＿＿＿＿　＿＿月＿＿日＿＿限　　遅・早・見・忘

氏名＿＿＿＿　学科＿＿　年次＿＿　（＿＿組＿＿番　先生）

出席票 52

科目名：＿＿＿＿　＿＿月＿＿日＿＿限　　遅・早・見・忘

氏名＿＿＿＿　学科＿＿　年次＿＿　（＿＿組＿＿番　先生）

出席票 53

科目名：＿＿＿＿　＿＿月＿＿日＿＿限　　遅・早・見・忘

氏名＿＿＿＿　学科＿＿　年次＿＿　（＿＿組＿＿番　先生）

出席票 54

科目名：＿＿＿＿　＿＿月＿＿日＿＿限　　遅・早・見・忘

氏名＿＿＿＿　学科＿＿　年次＿＿　（＿＿組＿＿番　先生）

出席票 55

科目名：_____ 月 _____ 日 _____ 限

氏名 _____ 学科 _____ 年次 （ _____ 組 _____ 番　先生）

遅・早・見・忘

出席票 56

科目名：_____ 月 _____ 日 _____ 限

氏名 _____ 学科 _____ 年次 （ _____ 組 _____ 番　先生）

遅・早・見・忘

出席票 57

科目名：_____ 月 _____ 日 _____ 限

氏名 _____ 学科 _____ 年次 （ _____ 組 _____ 番　先生）

遅・早・見・忘

出席票 58

科目名：_____ 月 _____ 日 _____ 限

氏名 _____ 学科 _____ 年次 （ _____ 組 _____ 番　先生）

遅・早・見・忘

出席票 59

科目名：_____ 月 _____ 日 _____ 限

氏名 _____ 学科 _____ 年次 （ _____ 組 _____ 番　先生）

遅・早・見・忘

出席票 60

科目名：_____ 月 _____ 日 _____ 限

氏名 _____ 学科 _____ 年次 （ _____ 組 _____ 番　先生）

遅・早・見・忘

出席票 61

科目名：＿＿＿＿＿＿＿＿＿

氏名＿＿＿＿＿＿＿＿＿

＿＿月＿＿日（＿＿先生）

学科＿＿年次＿＿組＿＿番

遅・早・見・忘

出席票 62

科目名：＿＿＿＿＿＿＿＿＿

氏名＿＿＿＿＿＿＿＿＿

＿＿月＿＿日（＿＿先生）

学科＿＿年次＿＿組＿＿番

遅・早・見・忘

出席票 63

科目名：＿＿＿＿＿＿＿＿＿

氏名＿＿＿＿＿＿＿＿＿

＿＿月＿＿日（＿＿先生）

学科＿＿年次＿＿組＿＿番

遅・早・見・忘

出席票 64

科目名：＿＿＿＿＿＿＿＿＿

氏名＿＿＿＿＿＿＿＿＿

＿＿月＿＿日（＿＿先生）

学科＿＿年次＿＿組＿＿番

遅・早・見・忘

出席票 65

科目名：＿＿＿＿＿＿＿＿＿

氏名＿＿＿＿＿＿＿＿＿

＿＿月＿＿日（＿＿先生）

学科＿＿年次＿＿組＿＿番

遅・早・見・忘

出席票 66

科目名：＿＿＿＿＿＿＿＿＿

氏名＿＿＿＿＿＿＿＿＿

＿＿月＿＿日（＿＿先生）

学科＿＿年次＿＿組＿＿番

遅・早・見・忘

出席票 67

科目名：＿＿＿＿＿＿＿

氏名 ＿＿＿＿＿＿＿

学科 ＿＿＿ 年次 ＿＿＿ 組 ＿＿＿ 番

＿＿＿ 月 ＿＿＿ 日 ＿＿＿ 限 （＿＿＿ 先生）

遅 ・ 早 ・ 見 ・ 忘

出席票 69

科目名：＿＿＿＿＿＿＿

氏名 ＿＿＿＿＿＿＿

学科 ＿＿＿ 年次 ＿＿＿ 組 ＿＿＿ 番

＿＿＿ 月 ＿＿＿ 日 ＿＿＿ 限 （＿＿＿ 先生）

遅 ・ 早 ・ 見 ・ 忘

出席票 71

科目名：＿＿＿＿＿＿＿

氏名 ＿＿＿＿＿＿＿

学科 ＿＿＿ 年次 ＿＿＿ 組 ＿＿＿ 番

＿＿＿ 月 ＿＿＿ 日 ＿＿＿ 限 （＿＿＿ 先生）

遅 ・ 早 ・ 見 ・ 忘

出席票 68

科目名：＿＿＿＿＿＿＿

氏名 ＿＿＿＿＿＿＿

学科 ＿＿＿ 年次 ＿＿＿ 組 ＿＿＿ 番

＿＿＿ 月 ＿＿＿ 日 ＿＿＿ 限 （＿＿＿ 先生）

遅 ・ 早 ・ 見 ・ 忘

出席票 70

科目名：＿＿＿＿＿＿＿

氏名 ＿＿＿＿＿＿＿

学科 ＿＿＿ 年次 ＿＿＿ 組 ＿＿＿ 番

＿＿＿ 月 ＿＿＿ 日 ＿＿＿ 限 （＿＿＿ 先生）

遅 ・ 早 ・ 見 ・ 忘

出席票 72

科目名：＿＿＿＿＿＿＿

氏名 ＿＿＿＿＿＿＿

学科 ＿＿＿ 年次 ＿＿＿ 組 ＿＿＿ 番

＿＿＿ 月 ＿＿＿ 日 ＿＿＿ 限 （＿＿＿ 先生）

遅 ・ 早 ・ 見 ・ 忘

出席票 73

____月____日____限

科目名：____（____先生）

氏名____

学籍____年次____組____番

早・遅・見・忘

出席票 74

____月____日____限

科目名：____（____先生）

氏名____

学籍____年次____組____番

早・遅・見・忘

出席票 75

____月____日____限

科目名：____（____先生）

氏名____

学籍____年次____組____番

早・遅・見・忘

出席票 76

____月____日____限

科目名：____（____先生）

氏名____

学籍____年次____組____番

早・遅・見・忘

出席票 77

____月____日____限

科目名：____（____先生）

氏名____

学籍____年次____組____番

早・遅・見・忘

出席票 78

____月____日____限

科目名：____（____先生）

氏名____

学籍____年次____組____番

早・遅・見・忘

出席票 79

氏名 _____

科目名： _____ 学科 _____ 年次 _____ 組 _____ 番 （_____ 先生）

_____ 月 _____ 日 _____ 限　遅・早・見・忘

出席票 80

氏名 _____

科目名： _____ 学科 _____ 年次 _____ 組 _____ 番 （_____ 先生）

_____ 月 _____ 日 _____ 限　遅・早・見・忘

出席票 81

氏名 _____

科目名： _____ 学科 _____ 年次 _____ 組 _____ 番 （_____ 先生）

_____ 月 _____ 日 _____ 限　遅・早・見・忘

出席票 82

氏名 _____

科目名： _____ 学科 _____ 年次 _____ 組 _____ 番 （_____ 先生）

_____ 月 _____ 日 _____ 限　遅・早・見・忘

出席票 83

氏名 _____

科目名： _____ 学科 _____ 年次 _____ 組 _____ 番 （_____ 先生）

_____ 月 _____ 日 _____ 限　遅・早・見・忘

出席票 84

氏名 _____

科目名： _____ 学科 _____ 年次 _____ 組 _____ 番 （_____ 先生）

_____ 月 _____ 日 _____ 限　遅・早・見・忘

出席票 85

科目名：＿＿＿＿＿月＿＿＿＿日＿＿＿＿（＿＿＿＿限

氏名＿＿＿＿＿＿＿＿＿＿

学科＿＿＿年次＿＿＿組＿＿＿番（＿＿＿先生）

早・見・忘　遅・見・忘

出席票 86

科目名：＿＿＿＿＿月＿＿＿＿日＿＿＿＿（＿＿＿＿限

氏名＿＿＿＿＿＿＿＿＿＿

学科＿＿＿年次＿＿＿組＿＿＿番（＿＿＿先生）

早・見・忘　遅・見・忘

出席票 87

科目名：＿＿＿＿＿月＿＿＿＿日＿＿＿＿（＿＿＿＿限

氏名＿＿＿＿＿＿＿＿＿＿

学科＿＿＿年次＿＿＿組＿＿＿番（＿＿＿先生）

早・見・忘　遅・見・忘

出席票 88

科目名：＿＿＿＿＿月＿＿＿＿日＿＿＿＿（＿＿＿＿限

氏名＿＿＿＿＿＿＿＿＿＿

学科＿＿＿年次＿＿＿組＿＿＿番（＿＿＿先生）

早・見・忘　遅・見・忘

出席票 89

科目名：＿＿＿＿＿月＿＿＿＿日＿＿＿＿（＿＿＿＿限

氏名＿＿＿＿＿＿＿＿＿＿

学科＿＿＿年次＿＿＿組＿＿＿番（＿＿＿先生）

早・見・忘　遅・見・忘

出席票 90

科目名：＿＿＿＿＿月＿＿＿＿日＿＿＿＿（＿＿＿＿限

氏名＿＿＿＿＿＿＿＿＿＿

学科＿＿＿年次＿＿＿組＿＿＿番（＿＿＿先生）

早・見・忘　遅・見・忘

出席票 91

科目名：＿＿＿＿＿＿

氏名＿＿＿＿＿＿

学科＿＿＿＿ 年次＿＿＿＿ 組＿＿＿＿ 番

＿＿ 月 ＿＿ 日（ ＿＿ 先生）

遅・早・見・忘

出席票 92

科目名：＿＿＿＿＿＿

氏名＿＿＿＿＿＿

学科＿＿＿＿ 年次＿＿＿＿ 組＿＿＿＿ 番

＿＿ 月 ＿＿ 日（ ＿＿ 先生）

遅・早・見・忘

出席票 93

科目名：＿＿＿＿＿＿

氏名＿＿＿＿＿＿

学科＿＿＿＿ 年次＿＿＿＿ 組＿＿＿＿ 番

＿＿ 月 ＿＿ 日（ ＿＿ 先生）

遅・早・見・忘

出席票 94

科目名：＿＿＿＿＿＿

氏名＿＿＿＿＿＿

学科＿＿＿＿ 年次＿＿＿＿ 組＿＿＿＿ 番

＿＿ 月 ＿＿ 日（ ＿＿ 先生）

遅・早・見・忘

出席票 95

科目名：＿＿＿＿＿＿

氏名＿＿＿＿＿＿

学科＿＿＿＿ 年次＿＿＿＿ 組＿＿＿＿ 番

＿＿ 月 ＿＿ 日（ ＿＿ 先生）

遅・早・見・忘

出席票 96

科目名：＿＿＿＿＿＿

氏名＿＿＿＿＿＿

学科＿＿＿＿ 年次＿＿＿＿ 組＿＿＿＿ 番

＿＿ 月 ＿＿ 日（ ＿＿ 先生）

遅・早・見・忘

出席票 97

科目名：＿＿＿＿＿＿

氏名＿＿＿＿＿　学科＿＿＿＿＿　年次（＿＿組＿＿番　先生）

＿＿月＿＿日　遅・早・見・忘

出席票 98

科目名：＿＿＿＿＿＿

氏名＿＿＿＿＿　学科＿＿＿＿＿　年次（＿＿組＿＿番　先生）

＿＿月＿＿日　遅・早・見・忘

出席票 99

科目名：＿＿＿＿＿＿

氏名＿＿＿＿＿　学科＿＿＿＿＿　年次（＿＿組＿＿番　先生）

＿＿月＿＿日　遅・早・見・忘

出席票 100

科目名：＿＿＿＿＿＿

氏名＿＿＿＿＿　学科＿＿＿＿＿　年次（＿＿組＿＿番　先生）

＿＿月＿＿日　遅・早・見・忘

出席票 101

科目名：＿＿＿＿＿＿

氏名＿＿＿＿＿　学科＿＿＿＿＿　年次（＿＿組＿＿番　先生）

＿＿月＿＿日　遅・早・見・忘

出席票 102

科目名：＿＿＿＿＿＿

氏名＿＿＿＿＿　学科＿＿＿＿＿　年次（＿＿組＿＿番　先生）

＿＿月＿＿日　遅・早・見・忘

出席票103

科目名：＿＿＿＿＿＿

氏名＿＿＿＿＿　学科＿＿＿＿＿　年次＿＿＿＿＿（＿＿＿組＿＿＿番）先生

＿＿＿月＿＿＿日＿＿＿限　遅・早・見・忘

出席票104

科目名：＿＿＿＿＿＿

氏名＿＿＿＿＿　学科＿＿＿＿＿　年次＿＿＿＿＿（＿＿＿組＿＿＿番）先生

＿＿＿月＿＿＿日＿＿＿限　遅・早・見・忘

出席票105

科目名：＿＿＿＿＿＿

氏名＿＿＿＿＿　学科＿＿＿＿＿　年次＿＿＿＿＿（＿＿＿組＿＿＿番）先生

＿＿＿月＿＿＿日＿＿＿限　遅・早・見・忘

出席票106

科目名：＿＿＿＿＿＿

氏名＿＿＿＿＿　学科＿＿＿＿＿　年次＿＿＿＿＿（＿＿＿組＿＿＿番）先生

＿＿＿月＿＿＿日＿＿＿限　遅・早・見・忘

出席票107

科目名：＿＿＿＿＿＿

氏名＿＿＿＿＿　学科＿＿＿＿＿　年次＿＿＿＿＿（＿＿＿組＿＿＿番）先生

＿＿＿月＿＿＿日＿＿＿限　遅・早・見・忘

出席票108

科目名：＿＿＿＿＿＿

氏名＿＿＿＿＿　学科＿＿＿＿＿　年次＿＿＿＿＿（＿＿＿組＿＿＿番）先生

＿＿＿月＿＿＿日＿＿＿限　遅・早・見・忘

出席票109

科目名：＿＿＿＿＿＿＿＿

氏名 ＿＿＿＿＿＿＿＿

＿＿＿＿学科 ＿＿＿＿年次 （＿＿＿＿組 ＿＿＿＿番 ＿＿＿＿先生）

＿＿＿＿月＿＿＿＿日 ＿＿＿＿限 遅・早・見・忘

出席票110

科目名：＿＿＿＿＿＿＿＿

氏名 ＿＿＿＿＿＿＿＿

＿＿＿＿学科 ＿＿＿＿年次 （＿＿＿＿組 ＿＿＿＿番 ＿＿＿＿先生）

＿＿＿＿月＿＿＿＿日 ＿＿＿＿限 遅・早・見・忘

出席票111

科目名：＿＿＿＿＿＿＿＿

氏名 ＿＿＿＿＿＿＿＿

＿＿＿＿学科 ＿＿＿＿年次 （＿＿＿＿組 ＿＿＿＿番 ＿＿＿＿先生）

＿＿＿＿月＿＿＿＿日 ＿＿＿＿限 遅・早・見・忘

出席票112

科目名：＿＿＿＿＿＿＿＿

氏名 ＿＿＿＿＿＿＿＿

＿＿＿＿学科 ＿＿＿＿年次 （＿＿＿＿組 ＿＿＿＿番 ＿＿＿＿先生）

＿＿＿＿月＿＿＿＿日 ＿＿＿＿限 遅・早・見・忘

出席票113

科目名：＿＿＿＿＿＿＿＿

氏名 ＿＿＿＿＿＿＿＿

＿＿＿＿学科 ＿＿＿＿年次 （＿＿＿＿組 ＿＿＿＿番 ＿＿＿＿先生）

＿＿＿＿月＿＿＿＿日 ＿＿＿＿限 遅・早・見・忘

出席票114

科目名：＿＿＿＿＿＿＿＿

氏名 ＿＿＿＿＿＿＿＿

＿＿＿＿学科 ＿＿＿＿年次 （＿＿＿＿組 ＿＿＿＿番 ＿＿＿＿先生）

＿＿＿＿月＿＿＿＿日 ＿＿＿＿限 遅・早・見・忘

出席票115

科目名：＿＿＿＿＿　＿＿＿月＿＿＿日　限

氏名＿＿＿＿＿　学科＿＿＿　年次＿＿＿（　組　番　先生）早・見・忘　遅

出席票116

科目名：＿＿＿＿＿　＿＿＿月＿＿＿日　限

氏名＿＿＿＿＿　学科＿＿＿　年次＿＿＿（　組　番　先生）早・見・忘　遅

出席票117

科目名：＿＿＿＿＿　＿＿＿月＿＿＿日　限

氏名＿＿＿＿＿　学科＿＿＿　年次＿＿＿（　組　番　先生）早・見・忘　遅

出席票118

科目名：＿＿＿＿＿　＿＿＿月＿＿＿日　限

氏名＿＿＿＿＿　学科＿＿＿　年次＿＿＿（　組　番　先生）早・見・忘　遅

出席票119

科目名：＿＿＿＿＿　＿＿＿月＿＿＿日　限

氏名＿＿＿＿＿　学科＿＿＿　年次＿＿＿（　組　番　先生）早・見・忘　遅

出席票120

科目名：＿＿＿＿＿　＿＿＿月＿＿＿日　限

氏名＿＿＿＿＿　学科＿＿＿　年次＿＿＿（　組　番　先生）早・見・忘　遅

年度履修

生涯スポーツ（　　　）
生涯スポーツ（　　　）

科　　年　　組

番号

氏名　　　　　　　　　　　　（　　歳）

月＼週	1	2	3	4	5		健診・体力
4							
5							
6							
7							
計				認定印			
9							
10							
11							
12							
1							
計				認定印			

年度履修

生涯スポーツ（　　）
生涯スポーツ（　　）

科　　年　　組

番号

氏名　　　　　　　　　　　　　（　　歳）

月＼週	1	2	3	4	5		健診・体力
4							
5							
6							
7							
計				認定印			
9							
10							
11							
12							
1							
計				認定印			

年度履修

生涯スポーツ（　　）
生涯スポーツ（　　）

科　　年　　組

番号

氏名 （　　歳）

月＼週	1	2	3	4	5	健診・体力
4						
5						
6						
7						
計			認定印			
9						
10						
11						
12						
1						
計			認定印			

年度履修

年　月　撮影

健康科学Ⅰ（　　）
健康科学Ⅱ（　　）

科　　年　　組

番号 _____

写

真

氏名 _____（　　歳）

月＼週	1	2	3	4	5	健診・体力	
4							
5							
6							
7							
計				認定印			
9							
10							
11							
12							
1							
計				認定印			